AF388703

PROBLÈMES

SUR

LES QUATRE RÈGLES

Par F. P. B.

LIVRE DU MAITRE

CHEZ LES ÉDITEURS

TOURS   **PARIS**

ALFRED MAME ET FILS   POUSSIELGUE FRÈRES

Imprimeurs-Libraires   Rue Cassette, 27

1871

Tout Exemplaire qui ne sera pas revêtu des trois signatures ci-dessous, sera réputé contrefait.

Les Éditeurs,

MODÈLE DE RAISONNEMENTS

SUR LES QUATRE RÈGLES

ADDITION

On connaît que la solution d'un problème exige une addition lorsqu'on cherche à réunir plusieurs nombres en un seul.

PROBLÈME. — Quelle est la recette d'un marchand qui a fait trois ventes : la première de 45 fr., la deuxième de 65 fr., et la troisième de 97fr. ?

La recette du marchand se compose évidemment des trois sommes qu'il a reçues, 45 fr., 65 fr. et 97 fr. Donc, pour déterminer cette recette, il suffit de réunir ou d'*additionner* ces trois sommes. Cette addition donne un total de 207 : d'où je conclus que la recette du marchand est de 207 fr.

SOUSTRACTION

On connaît que la solution d'un problème exige une soustraction lorsque l'on connaît la somme de deux nombres et l'un de ces nombres, et qu'on cherche l'autre nombre.

PROBLÈME. — Deux frères doivent se partager une bibliothèque de 2424 volumes. Si la part de l'aîné est de 1875 volumes, quelle sera celle du cadet ?

Les deux parts doivent faire 2424 volumes : ainsi 2424 est une somme de deux nombres, et 1875 est un de ces nombres ; donc, pour avoir l'autre nombre il faut retrancher ou *soustraire* 1875 de 2424. Cette soustraction donne pour différence 549 : d'où je conclus que la part du cadet est de 549 volumes.

MULTIPLICATION

On connaît ordinairement que la solution d'un problème exige une multiplication lorsque la valeur de l'unité est désignée, et qu'on demande celle de plusieurs, ou celle de quelques parties de l'unité.

PROBLÈME I. — Que doit-on payer pour 25 chevaux à raison de 750 fr. l'un ?

La somme que l'on doit payer doit contenir 25 fois 750 fr. : donc on obtiendra cette somme en répétant 25 fois 750, c'est-à-dire, en *multipliant* 750 par 25. Cette multiplication donne pour produit 18750 : d'où je conclus que l'on doit payer 18750 fr.

PROBLÈME II. — *Quel est le prix de 24 rames de papier à 7 fr. la rame ?*

Si 1 rame de papier coûte 7 francs, 24 rames doivent coûter 24 fois plus, c'est-à-dire 24 fois 7 francs : donc on obtiendra le prix cherché en multipliant 7 par 24. Cette multiplication donne pour produit 168 : d'où je conclus que le prix des 24 rames est de 168 francs.

PROBLÈME III. — *Lorsque le mètre de drap coûte 8 fr., quel est le prix de 0 m. 60 centimètres ?*

Les 60 centimètres doivent coûter 60 fois la centième partie de ce que coûte un mètre ; donc on obtiendra le prix cherché er multipliant 8 fr. par 0, 60. Cette multiplication donne pour produit 4,8, d'où je conclus que le prix des 0 m. 60 centimètres es: de 4 fr. 80 c.

DIVISION

On connaît ordinairement que la solution d'un **problème** exige une division lorsque la valeur de plusieurs unités, ou de quelques parties d'unités, étant donnée, on cherche celle d'une seule.

PROBLÈME I. — *Un ouvrier a reçu 24 fr. pour 6 jours de travail : que gagne-t-il par jour ?*

Le gain d'une journée doit être tel, que, multiplié par 6, il donne pour produit 24 fr. ; ainsi le gain cherché est facteur d'une multiplication dont l'autre facteur est 6, et le produit 24 : donc, si on divise le produit 24 par le facteur connu 6, le quotient donnera le gain cherché. Cette division a 4 pour quotient : d'où je conclus que le gain d'une journée est de 4 fr.

PROBLÈME II. — *Combien aura-t-on de chapeaux pour 360 fr. à 8 fr. la pièce ?*

Comme un chapeau coûte 8 francs, il est évident que l'on aur autant de chapeaux que le nombre 360 contient de fois 8. Le quotient de 360 par 8 est 45 ; d'où je conclus que 360 contient 45 fois 8, et que par conséquent on aura 45 chapeaux.

PROBLÈME III. — *Lorsque 0 m. 45 coûtent 3 fr. 15, quel est le prix du mètre ?*

Le prix du mètre doit être tel, que, multiplié par 0, 45, il donne pour produit 3, 15 : ainsi le prix du mètre est le facteur d'une multiplication dont l'autre facteur est 0, 45 et le produit 3,15 : donc, si on divise le produit 3,15 par le facteur connu 0,45, le quotient fera connaître le prix du mètre. Cette division donne 7 pour quotient : d'où je conclus que le prix du mètre est de 7 fr.

RECUEIL DE PROBLÈMES

SUR LES

QUATRE PREMIÈRES RÈGLES

AVEC LES RÉPONSES EN REGARD

(LIVRE DU MAITRE)

PROBLÈMES

SUR

LES QUATRE RÈGLES

Ces problèmes comprennent quatre séries. Les plus simples n'ont pas d'astérisque, puis viennent successivement ceux qui sont précédés d'un, de deux et de trois astérisques.

PROBLÈMES SUR L'ADDITION

P. 1. Jules a 12 ans; quel âge aura-t-il dans 27 ans?

P. 2. Jules est né en 1808; en quelle année a-t-il eu 17 ans?

P. 3. Un relieur a fait deux livraisons, l'une de 75 volumes, et l'autre de 149; combien de volumes a-t-il livrés en tout?

P. 4. Deux ouvriers ont gagné, l'un 85 fr., et l'autre 129 fr.; quelle somme faut-il pour les payer?

P. 5. Un boulanger a reçu une première fois 20 sacs de blé, une seconde fois 18 sacs; combien a-t-il reçu de sacs en tout?

P. 6. Un boulanger a livré à un établissement 45 pains une première fois, et 19 pains une seconde fois; combien a-t-il livré de pains en tout?

P. 7. Quel est le nombre de marches contenues dans 2 escaliers, si l'un compte 25 marches, et l'autre 19?

P. 8. Quel est le nombre des élèves de deux classes, si la première compte 75 élèves, et la deuxième 89?

P. 9. Dans un combat on a brûlé 8.945 cartouches, et il en reste 12.450; combien y en avait-il avant le combat?

P. 10. Quel est le nombre des élèves d'une classe, si 47 sont en vacances, et s'il en reste encore 29?

P. 11. Quelle est la capacité d'un tonneau qui doit recevoir d'une part 125 litres, et de l'autre 175 litres?

P. 12. Jules a placé à la caisse d'épargne, d'abord 85 fr., ensuite 127 fr.; quel est le montant de ces deux placements?

SOLUTIONS DES PROBLÈMES

SUR

LES QUATRE RÈGLES

PROBLÈMES SUR L'ADDITION

N. B. — La phrase qui termine chaque solution a pour but d'habituer les commençants à donner un sens précis à leur réponse, en se servant autant que possible des expressions mêmes du problème.

P. 1. $12 + 27 = 39$.
R. Dans vingt-sept ans Jules aura 39 ans.

P. 2. $1808 + 27 = 1835$.
R. Jules avait vingt-sept ans en 1835.

P. 3. $75 + 149 = 224$.
R. Le relieur a livré en tout 224 volumes.

P. 4. $85 + 129 = 214$.
R. Il faut une somme de 214 francs.

P. 5. $20 + 18 = 38$.
R. Le boulanger a reçu en tout 38 sacs.

P. 6. $45 + 19 = 64$.
R. Le boulanger a livré en tout 64 pains.

P. 7. $25 + 19 = 44$.
R. Les deux escaliers contiennent 44 marches.

P. 8. $75 + 89 = 164$.
R. Les deux classes contiennent 164 élèves.

P. 9. $8.945 + 12.450 = 21.395$.
R. Il y avait, avant le combat, 21.395 cartouches.

P. 10. $47 + 29 = 76$.
R. Le nombre des élèves est de 76.

P. 11. $125 + 175 = 300$.
R. La capacité du tonneau est de 300 litres.

P. 12. $85 + 127 = 212$.
R. Le montant des deux placements est de 212 fr.

P. 13. Que doit payer une ménagère qui achète pour 17 fr. de savon et 49 fr. de confitures?

P. 14. Combien a-t-il fallu de journées à un paysan pour défricher un terrain, sachant qu'il y a mis une première fois 75 journées, et une seconde fois 49?

P. 15. Jules a reçu 42 fr. de son père, et 19 fr. de sa mère; quelle somme possède-t-il?

P. 16. Quelle est la longueur d'une pièce de toile, sachant qu'après en avoir vendu 45 mètres il en reste encore 27 mètres?

P. 17. On a acheté des marchandises 164 fr.; combien faut-il les revendre pour gagner 24 fr.?

P. 18. Un marchand, pendant une journée, a fait trois ventes : la première de 45 fr., la seconde de 65 fr., et la troisième de 97 fr.; quelle est sa recette?

P. 19. D'un sac qui contenait de l'argent, on retire une première fois 24 fr., une deuxième fois 45 fr., et il reste encore 79 fr.; quel était l'argent contenu dans le sac?

P. 20. Quel est le nombre des arbres d'une pépinière; si on y compte 395 pommiers, 247 cerisiers et 197 poiriers?

P. 21. Un domestique fait deux emplettes, l'une de 18 fr., et l'autre de 23 fr.; quelle somme a-t-il dépensée?

P. 22. Après avoir payé une dette de 845 fr., il me reste encore 179 fr.; combien avais-je?

P. 23. Quel est le nombre de verres que contenait un panier, sachant qu'après en avoir pris 45 il en reste 18?

P. 24. Un receveur a mis le même jour dans sa caisse 743 fr., puis 229 fr., et enfin 487 fr.; quelle a été sa recette?

P. 25. Une personne doit les sommes suivantes : 450 fr., plus 679 fr., et enfin 324 fr.; que doit-elle en tout?

P. 26. Trois pièces de calicot contiennent, la première 105 mètres, la deuxième 96 mètres, et la troisième 104 mètres, combien contiennent-elles ensemble?

P. 27. Un marchand de bois a fait trois ventes : la première de 75 stères, la deuxième de 85 stères, et la troisième de 95 stères; combien a-t-il vendu de stères?

P. 28. Quelle est la contenance de trois pièces de vin, sachant que la première contient 220 litres, la deuxième 175, et la troisième 230?

P. 29. Quelle somme faut-il à un père de famille pour acquitter les trois factures suivantes : la première de 15 fr., la deuxième de 78 fr., et la troisième de 85 fr.?

P. 13.   27 + 49 = 76.
         R. La ménagère doit payer 76 francs.

P. 14.   75 + 49 = 124.
         R. Il a fallu au paysan 124 journées.

P. 15.   42 + 19 = 61.
         R. Jules possède 61 francs.

P. 16.   45 + 27 = 72.
         R. La longueur de la pièce est de 72 mètres.

P. 17.   164 + 24 = 188.
         R. Il faut revendre les marchandises 188 francs.

P. 18.   45 + 65 + 97 = 207.
         R. La recette du marchand est de 207 francs.

P. 19.   24 + 45 + 79 = 148.
         R. Le sac contenait 148 francs.

P. 20.   395 + 247 + 197 = 839.
         R. Le nombre des arbres est de 839 arbres.

P. 21.   18 + 23 = 41.
         R. Le domestique a dépensé 41 francs.

P. 22.   845 + 179 = 1.024.
         R. Avant de payer ma dette, j'avais 1.024 francs.

P. 23.   45 + 18 = 63.
         R. Le panier contenait 63 verres.

P. 24.   742 + 229 + 487 = 1458.
         R. La recette a été de 1458 francs.

P. 25.   450 + 679 + 324 = 1.453.
         R. La personne doit en tout 1.453 francs.

P. 26.   105 + 96 + 104 = 305.
         R. Les pièces contiennent ensemble 305 mètres.

P. 27.   75 + 85 + 95 = 255.
         R. Le marchand de bois a vendu 255 stères.

P. 28.   220 + 175 + 230 = 625.
         R. Les trois pièces contiennent 625 litres.

P. 29.   45 + 78 + 85 = 208.
         R. Il faut au père de famille la somme de 208 fr.

P. 30. Quel est le poids de trois ballots dont le premier pèse 75 kilog., le second 245 hilog., et le troisième 378 kilog.?

P. 31. Un régiment de cavalerie a 324 chevaux dans le premier escadron, 290 dans le deuxième, et 350 dans le troisième, quel est le nombre des chevaux de ce régiment?

P. 32. On a coupé dans une forêt 544 chênes, 415 frênes, 324 bouleaux et 424 sapins : combien a-t-on abattu d'arbres?

P. 33. Quel est le poids de quatre bœufs dont le premier pèse 430 kilog., le deuxième 541 kilog., le troisième 619 kilog., et le quatrième 574 kilog.?

P. 34. A combien se monte la dépense d'une personne qui a acheté pour 450 fr. de meubles, 275 fr. de linge, 336 fr. d'habillements, et 576 fr. de provisions?

P. 35. Combien y a-t-il d'hommes dans un régiment composé de quatre bataillons, le premier de 1.209 hommes, le deuxième de 1.075, le troisième de 976, et le quatrième de 987?

P. 36. Un épicier a reçu 4 caisses de savon : la première pèse 125 kilog., la deuxième 75 kilog., la troisième 147 kilog., et la quatrième 207 kilog.; quel est le poids des 4 caisses?

P. 37. Quelle est la contenance de quatre pièces de vin, si la première contient 520 litres, la deuxième 340 litres, la troisième 230 litres, et la quatrième 220 litres?

P. 38. Quelle somme faut-il pour acquitter les 4 billets suivants : le premier de 405 fr., le deuxième de 379 fr., le troisième de 576 fr., et le quatrième de 179 fr.?

P. 39. Un jeune homme a payé un chapeau 11 fr., un habit 85 fr., un pantalon 27 fr., un gilet 18 fr., et une paire de bottes 23 fr.; combien a-t-il dépensé?

P. 40. Dans un marché on a vendu 1.415 moutons, 145 vaches, 85 chevaux, 247 bœufs, 105 ânes; combien a-t-on vendu d'animaux en tout?

P. 41. Quelle somme faut-il pour payer 5 ouvriers qui ont gagné les sommes suivantes : le premier 175 fr., le deuxième 209 fr., le troisième 148 fr., le quatrième 97 fr., et le cinquième 241 fr.?

P. 42. Quelle est la longueur totale de 6 rues qui ont : la première 342 mètres, la deuxième 1.425 mètres, la troisième 718 mètres, la quatrième 856 mètres, la cinquième 1.895 mètres, et la sixième 906 mètres?

P. 30.　75 + 245 + 378 = 698.
R. Le poids des trois ballots est de 698 kilog.

P. 31.　324 + 290 + 350 = 964.
R. Le nombre des chevaux est de 964.

P. 32.　514 + 415 + 324 + 424 = 1.707.
R. On a abattu 1.707 arbres.

P. 33.　430 + 541 + 619 + 574 = 2.164.
R. Le poids des quatre bœufs est de 2.164 kilog.

P. 34.　450 + 275 + 346 + 576 = 1.647.
R. La dépense de cette personne se monte à 1.647 francs.

P. 35.　1.209 + 1.075 + 976 + 987 = 4.247.
R. Il y a dans ce régiment 4.247 hommes.

P. 36.　125 + 75 + 147 + 207 = 554.
R. Le poids des caisses est de 554 kilogrammes.

P. 37.　520 + 340 + 230 + 220 = 1.310.
R. Les quatre pièces ont ensemble 1.310 litres.

P. 38.　405 + 379 + 576 + 179 = 1.539.
.R. Il faut une somme de 1.539 francs.

P. 39.　11 + 85 + 27 + 18 + 23 = 164.
R. Le jeune homme a dépensé 164 francs.

P. 40.　1.415 + 148 + 85 + 247 + 105 = 2.000.
R. On a vendu 2.000 animaux.

P. 41.　175 + 209 + 148 + 97 + 241 = 870.
R. Il faut une somme de 870 francs.

P. 42.　342 + 1.425 + 718 + 856 + 1.895 + 906 = 6.142.
R. La longueur totale des six rues est de 6.142 mèt.

PROBLÈMES SUR LA SOUSTRACTION

P. 43. Un ouvrier aurait dû recevoir 176 fr.; on ne lui donne que 117 fr.; combien lui doit-on encore?

P. 44. Un marchand avait dans sa voiture 345 melons; il en vend 257 ; combien lui en reste-t-il encore?

P. 45. Un marchand avait dans sa voiture 423 melons; combien en a-t-il vendu, sachant qu'il lui en reste 79 ?

P. 46. Sur un mémoire de 4.217 fr. on fait une diminution de 427 fr.; que doit-on payer ?

P. 47. Un mémoire porte une somme de 4.729 fr.; quelle diminution lui fait-on éprouver, sachant qu'on le réduit à une somme de 4.278 fr.?

P. 48. Une personne avait 345 fr. à la caisse d'épargne; si elle en retire 178 fr., que lui reste-t-il encore à la caisse d'épargne?

P. 49. Une personne a mis en deux versements 470 fr à la caisse d'épargne; si le premier versement est de 184 fr., quelle est la valeur du second?

P. 50. Une personne qui met 9 jours à un voyage, le termine le 24 du mois; à quelle date le voyage avait-il commencé?

P. 51. Combien de jours a duré un voyage qui a commencé le 5 du mois, et a fini le 24?

P. 52. Deux ouvriers, pendant le même temps, ont fait l'un 146 mètres, et l'autre 47; combien le premier a-t-il fait plus de mètres que le second?

P. 53. Deux ouvriers ont fait ensemble 427 mètres; si la part d'ouvrage du premier est de 174 mètres, quelle est celle du second?

P. 54. Un écolier doit réciter 345 lignes; il en sait 257; combien lui en reste-t-il encore à apprendre?

P. 55. Un écolier doit réciter 274 lignes; combien en sait-il par cœur, sachant qu'il lui en reste encore 87 à apprendre?

P. 56. Un voyage doit durer 75 jours; s'il y a 36 jours qu'il a commencé, combien de jours doit-il durer encore?

P. 57. Un voyage doit durer 87 jours; combien y a-t-il de jours qu'il a commencé, s'il doit durer encore 94 jours?

PROBLÈMES SUR LA SOUSTRACTION.

P. 43. $176 - 117 = 59$.
R. On doit encore à l'ouvrier 59 francs.

P. 44. $315 - 257 = 88$.
R. Il reste encore dans la voiture 88 melons.

P. 45. $423 - 79 = 344$.
R. Le marchand a vendu 344 melons.

P. 46. $4.217 - 427 = 3.790$.
R. On doit payer une somme de 3.790 francs.

P. 47. $4.729 - 4.278 = 451$.
R. Le mémoire a été diminué de 451 francs.

P. 48. $345 - 178 = 167$.
R. Il reste encore à la caisse d'épargne 167 fr.

P. 49. $470 - 184 = 286$.
R. Le second versement est de 286 francs.

P. 50. $24 - 9 = 15$.
R. Le voyage avait commencé le 15 du mois.

P. 51. $24 - 5 = 19$.
R. Le voyage a duré 19 jours.

P. 52. $146 - 47 = 99$.
R. Le 1er ouvrier a fait 99 mèt. de plus que le 2e.

P. 53. $427 - 174 = 253$.
R. La part du 2e ouvrier est de 253 mètres.

P. 54. $345 - 257 = 88$.
L'écolier doit encore apprendre 88 lignes.

P. 55. $274 - 87 = 187$.
R. L'écolier sait par cœur 187 lignes.

P. 56. $75 - 36 = 39$.
R. Le voyage doit encore durer 39 jours.

P. 57. $87 - 49 = 38$.
R. Le voyage a commencé depuis 38 jours.

P. 58. Un prisonnier est condamné à 270 jours de prison; il subit sa peine depuis 187 jours; combien doit-elle durer encore?

P. 59. Un prisonnier est condamné à 305 jours de prison; combien de jours a-t-il faits de sa peine, s'il lui reste encore 147 jours à faire?

P. 60. Une école de deux classes compte 175 élèves; la première classe a 72 élèves; combien la deuxième en a-t-elle?

P. 61. Un libraire a vendu 475 volumes; s'il en a déjà livré 289, combien doit-il en livrer encore?

P. 62. Un boulanger devait recevoir 2.415 kilog. de farine; s'il en reçoit 1.987 kilog., combien lui en reste-t-il à recevoir?

P. 63. Deux tonneaux contiennent, l'un 220 litres, l'autre 200 litres; combien le second contient-il de litres de plus que le premier?

P. 64. Deux bœufs pèsent, l'un 842 kilog., et l'autre 746 kilog., quelle est leur différence de poids?

P. 65. La tour de Strasbourg a 142 mètres de hauteur, le sommet du Panthéon 79 mètres; quelle est la différence de hauteur de ces deux monuments?

P. 66. Un marchand achète pour 12.728 fr. de drap; il en vend pour 7.954 fr.; quelle est la valeur de ce qui lui reste?

P. 67. Dans un tonneau de 220 litres on a mis 175 litres de vin; combien faut-il encore de litres pour le remplir?

P. 68. D'une pièce de mousseline de 125 mètres on a vendu 76 mètres; combien en reste-t-il?

P. 69. Un épicier vend du sucre pour 870 fr., et gagne 75 fr.; combien le sucre lui avait-il coûté?

P. 70. Quelle est la différence du poids de deux caisses dont l'une pèse 475 kilog., et l'autre 379?

P. 71. On a retiré 129 litres d'un tonneau qui en contenait 220; combien en reste-t-il?

P. 72. Une caserne compte 3.054 hommes; si l'on en fait sortir 1.978, combien en restera-t-il?

P. 73. Jules reçoit 112 fr. de ses parents; il donne 13 fr. aux pauvres; que lui reste-t-il?

P. 74. Un domestique va au marché avec 64 fr.; il revient avec 27 fr.; quelle somme a-t-il dépensée?

P. 58. $270 - 187 = 83.$
R. La peine doit encore durer 83 jours.

P. 59. $305 - 147 = 158.$
R. Le prisonnier a fait 158 jours de sa peine.

P. 60. $175 - 72 = 103.$
R. La deuxième classe a 103 élèves.

P. 61. $475 - 289 = 186.$
R. Le libraire doit encore livrer 186 volumes.

P. 62. $2.415 - 1.987 = 428.$
R. Le boulanger doit recevoir 428 kilog. de farine.

P. 63. $260 - 220 = 40.$
R. Le 2e tonneau a 40 litres de plus que le 1er.

P. 64. $842 - 746 = 96.$
R. La différence est de 96 kilog.

P. 65. $142 - 79 = 63.$
R. La différence des deux hauteurs est de 63 mèt.

P. 66. $12.728 - 7.954 = 4.774.$
R. La valeur de ce qui reste est de 4.774 francs.

P. 67. $220 - 175 = 45.$
R. Il faut encore 45 lit. pour remplir le tonneau.

P. 68. $125 - 76 = 49.$
R. Il reste 49 mètres.

P. 69. $870 - 75 = 795.$
R. Le sucre avait coûté 795 francs.

P. 70. $475 - 379 = 96.$
R. La différence du poids des caisses est 96 kil.

P. 71. $220 - 129 = 91.$
R. Il reste dans le tonneau 91 litres.

P. 72. $3.654 - 1.978 = 1.676.$
R. Il restera dans la caserne 1.676 hommes.

P. 73. $112 - 13 = 99.$
R. Il reste à Jules 99 francs.

P. 74. $64 - 27 = 37.$
R. Le domestique a dépensé 37 francs.

PROBLÈMES SUR L'ADDITION

ET LA SOUSTRACTION

P. 75. Quel est le poids total de 6 voitures, si la première pèse 4.524 kilog., la deuxième 9.425 kilog., la troisième 7.217 kilog., la quatrième 3.425 kilog., la cinquième 2.027 kilog., et la sixième 1.875 kilog.?

P. 76. Un domestique va au marché avec 79 fr.; s'il fait 47 fr. de dépense, quelle somme rapportera-t-il?

P. 77. Il me manque 420 fr. pour payer une dette de 746 fr.; combien ai-je?

P. 78. On doit à une personne 975 fr.; si on lui paie 49 fr., combien lui doit-on encore?

P. 79. Un cultivateur avait 345 moutons; il en vend 149; combien lui en reste-t-il?

P. 80. Une armée de 40.300 hommes a perdu dans une campagne 7.850 hommes; combien en reste-t-il?

* **P. 81.** Une maison de banque a fait dans une semaine les recettes suivantes : le lundi 2.426 fr., le mardi 4.728 fr., le mercredi 12.475 fr., le jeudi 2.749 fr., le vendredi 5.749 fr., et le samedi 17.429 fr.; quel est le total de ces recettes?

* **P. 82.** Une armée de 49.854 hommes reçoit des renforts, et se trouve portée à 65.878 hommes; quel est le chiffre des renforts?

P. 83. Une armée comptait 36.954 combattants avant une bataille; après la bataille, elle n'en compte plus que 81.298; combien en a-t-elle perdu?

* **P. 84.** Sous Philippe le Bel, en 1300, la population de Paris était de 125.000 habitants; en 1851 elle était de 1.100.000 habitants; de combien d'habitants la population de Paris s'est-elle augmentée de 1300 à 1851?

P. 85. Que doit-on à un menuisier qui a fait un secrétaire de 175 fr., une armoire de 75 fr., et une table ronde de 18 fr.?

P. 86. Deux villages paient ensemble 2.945 fr. de contributions; si le premier village paie 1.295 fr., quelle est la part du second?

PROBLÈMES SUR L'ADDITION ET LA SOUSTRACTION.

P. 75. $4.524 + 9.425 + 7.217 + 3.425 + 2.027 + 1.875 = 28.493.$
    R. Le poids des six voitures est de 28.493 kilog.

P. 76. $79 - 47 = 32.$
    R. Le domestique rapportera 32 francs.

P. 77. $746 - 420 = 326.$
    R. J'ai 326 francs.

P. 78. $975 - 749 = 226.$
    R. On doit encore à cette personne 226 francs.

P. 79. $345 - 249 = 96.$
    R. Il reste au cultivateur 96 moutons.

P. 80. $40.300 - 7.850 = 32.450.$
    R. Il reste 32.450 hommes.

P. 81. $2.426 + 4.728 + 12.475 + 2.749 + 5.749 + 17.429 = 45.556.$
    R. Le total des recettes est de 45.556 francs.

P. 82. $65.878 - 49.854 = 16.024.$
    R. Le chiffre des renforts est de 16.024 hommes.

P. 83. $36.954 - 31.298 = 5.656.$
    R. L'armée a perdu 5.656 hommes.

P. 84. $1.100.000 - 125.000 = 975.000.$
    R. La population s'est accrue de 975.000 habit.

P. 85. $175 + 75 + 18 = 268.$
    R. On doit à ce menuisier 268 francs.

P. 86. $2.954 - 1.295 = 1.659.$
    R. La part du second village est de 1.659 fr.

P. 87. Constantine a 35.000 habitants, Alger 100.000, Oran 35.000, et Bône 10.000; quelle est la population réunie de ces quatre villes?

* P. 88. Dans une maison qui a coûté 17.200 francs d'achat, on a fait pour 750 francs de réparations; combien faut-il la revendre pour gagner 1.200 fr.?

P. 89. Un marchand a reçu 3 pièces de drap, une de 118 mètres, une de 85, et la troisième de 78; combien a-t-il reçu de mètres?

P. 90. Une pièce de ruban est longue de 315 mètres : dites ce qu'il en reste après qu'on en a détaché 97 mètres.

P. 91. La population de la Russie est de 61.350.000 habitants; de combien dépasse-t-elle celle de la France, qui est de 35.750.000 habitants?

* P. 92. Une personne pieuse a une fortune de 15.860 fr.; elle lègue 6.700 à ses parents, 5.400 fr. à une communauté, et elle donne le reste aux pauvres; combien ces derniers recevront-ils?

P. 93. Un ouvrage se compose de 4 volumes. Le 1er 526 pages, le 2e 478, le 3e 484, et le 4e 508; combien y a-t-il de pages dans cet ouvrage?

P. 94. Quelle est la population d'un canton composé de 4 communes, si la 1re a 978 habitants, la 2e 1.138, la 3e 1.309, et la 4e 1.589?

P. 95. Il y a 133.000 habitants à Bordeaux, et 48.000 à Orléans; de combien la population de Bordeaux surpasse-t-elle celle d'Orléans?

P. 96. Un père laisse par testament sa fortune à ses trois enfants : l'aîné a 15.750 fr.; le cadet 13.800; le plus jeune 11.700 fr.; quelle était la fortune du père?

P. 97. Une personne place à la caisse d'épargne : 1° une somme de 188 fr.; 2° 100 fr.; 3° 218 fr.; combien a-t-elle placé en tout?

* P. 98. Sigismond possède une fortune de 18.930 fr.; quelle est celle d'Octave, sachant qu'elle surpasse celle de Sigismond de 5.980 fr.?

P. 99. Dans la 1re classe d'une école il y a 58 élèves; dans la 2e 65; dans la 3e 78; dans la 4e 85; et dans la 5e 95; combien y a-t-il d'élèves dans cette école?

P. 87. $35.000 + 100.000 + 35.000 + 10.000 = 180.000$.
R. Ces quatre villes ont ensemble 180.000 habit.

P. 88. $17.200 + 750 + 1.200 = 19.150$.
R. Il faut revendre la maison 19.150 francs.

P. 89. $118 + 85 + 78 = 281$.
R. Le marchand a reçu 281 mètres.

P. 90. $315 - 97 = 218$.
R. Il reste 218 mètres.

P. 91. $61.350.000 - 35.750.000 = 25.600.000$.
R. La population de la Russie surpasse celle de
   la France de 25.600.000 habitants.

P. 92. $6.700 + 5.400 = 12.100 ; 15.860 - 12.100 = 3.760$.
R. Les pauvres recevront 3.760 francs.

P. 93. $526 + 478 + 484 + 508 = 1.996$.
R. Il y a dans cet ouvrage 1.996 pages.

P. 94. $978 + 1.138 + 1.309 + 1.589 = 5.014$.
R. La population du canton est de 5.014 habit.

P. 95. $133.000 - 48.000 = 85.000$.
R. La population de Bordeaux surpasse celle
   d'Orléans de 85.000 habitants.

P. 96. $15.750 + 13.800 + 11.760 = 41.310$.
R. La fortune du père est de 41.310 francs.

P. 97. $188 + 160 + 218 = 566$.
R. Cette personne a placé 566 francs.

P. 98. $18.930 + 5.980 = 24.910$.
R. La fortune d'Octave est de 24.910 francs.

P. 99. $58 + 65 + 78 + 85 + 95 = 381$.
R. Il y a dans cette école 381 élèves.

PROBLÈMES SUR LA MULTIPLICATION

P. 100. Quel est le nombre de billes contenues dans 6 sacs qui en ont chacun 247?

P. 101. Combien faut-il de noisettes pour remplir 8 sacs qui peuvent en contenir chacun 450?

P. 102. Quel est le nombre de pommes contenues dans 7 paniers de chacun 278?

P. 103. Combien peut-on mettre d'élèves sur 18 bancs de chacun 8 places?

P. 104. Combien a-t-il été tiré de coups de canon pendant 6 heures, à 120 coups par heure?

P. 105. Quel est le nombre de personnes qu'un bateau transporte par jour, s'il fait 6 voyages de chacun 274 personnes?

P. 106. Pendant le siége d'une ville, les assiégeants ont lancé 625 bombes par jour; quel est le nombre de bombes qui ont été lancées pendant 5 jours?

P. 107. Combien y a-t-il de jours dans 7 années de chacune 365 jours?

P. 108. Combien y a-t-il de jours dans 24 semaines, chacune étant de 7 jours?

P. 109. Une famille dépense 8 fr. par jour; que dépense-t-elle pendant 169 jours?

P. 110. Dans un jour il y a 24 heures; combien y a-t-il d'heures dans une semaine ou 7 jours?

P. 111. Combien y a-t-il d'heures dans un mois de 30 jours?

P. 112. Combien y a-t-il d'heures dans une année de 365 jours?

P. 113. Un ouvrier travaille 12 heures par jour; combien a-t-il travaillé d'heures en 25 jours?

P. 114. Que doit-on payer pour 34 stères de bois à 17 fr. le stère?

P. 115. Un convoi du chemin de fer est composé de 17 wagons pesant, terme moyen, chacun 2.500 kilog.; quel est le poids total du convoi?

P. 116. Quelle est la valeur d'une prise qui a été partagée entre 145 matelots, si chacun d'eux a reçu 87 fr.?

P. 117. Quel est le prix de 245 kilog. de mercure à 14 fr. le kilog.?

PROBLÈMES SUR LA MULTIPLICATION.

—

P. 100. $247 \times 6 = 1.482$.
R. Les sacs contiennent 1.482 billes.

P. 101. $450 \times 8 = 3.600$.
R. Pour remplir les sacs, il faut 3.600 noisettes.

P. 102. $278 \times 7 = 1.946$.
R. Les paniers contiennent 1.946 pommes.

P. 103. $18 \times 8 = 144$.
R. On peut mettre sur les bancs 144 élèves.

P. 104. $120 \times 6 = 720$.
R. En six heures, il a été tiré 720 coups.

P. 105. $274 \times 6 = 1.644$.
R. Le bateau transporte 1.644 personnes.

P. 106. $625 \times 5 = 3.125$.
R. Les assiégeants ont lancé 3.125 bombes.

P. 107. $365 \times 7 = 2.555$.
R. Sept années de 365 jours font 2.555 jours.

P. 108. $24 \times 7 = 168$.
R. Dans vingt-quatre semaines il y a 168 jours.

P. 109. $169 \times 8 = 1.352$.
R. Cette famille, en 169 jours, dépense 1.352 fr.

P. 110. $24 \times 7 = 168$.
R. Dans une semaine, il y a 168 heures.

P. 111. $24 \times 30 = 720$.
R. Dans un mois de 30 jours, il y a 720 heures.

P. 112. $365 \times 24 = 8.760$.
R. Dans 365 jours, il y a 8.760 heures.

P. 113. $12 \times 25 = 300$.
R. L'ouvrier a travaillé 300 heures.

P. 114. $17 \times 34 = 578$.
R. On doit payer 578 francs.

P. 115. $2.500 \times 27 = 67.500$.
R. Le poids total du convoi est de 67.500 kilog.

P. 116. $87 \times 145 = 12.615$.
R. La valeur de la prise est de 12.615 francs.

P. 117. $14 \times 245 = 3.430$.
R. Les 245 kilog. de mercure coûtent 3.430 fr.

P. 118. Une maison a 75 croisées de chacune 12 carreaux ; quel est le nombre des carreaux de cette maison?

P. 119. La roue d'un moulin fait 27 tours en une minute ; combien en fait-elle en 45 minutes?

P. 120. Quel est le nombre de lignes contenues dans un ouvrage ayant 450 pages de chacune 45 lignes?

P. 121. Combien y a-t-il de lettres dans une page d'impression ayant 42 lignes de chacune 43 lettres?

P. 122. Combien y a-t-il de lettres dans une page d'écriture de 18 lignes de chacune 54 lettres?

P. 123. Un commis gagne 45 fr. par mois; quel est son traitement annuel ?

P. 124. Que doit-on payer pour 219 moutons à 14 fr. la pièce ?

P. 125. Dans une fabrique on brûle 27 chandelles par jour; combien en brûle-t-on dans 42 jours?

P. 126. Quelle est la longueur totale de 195 paquets de fil de fer, si chaque paquet a 75 mètres ?

P. 127. Que doit-on payer pour 47 chevaux à 724 fr. l'un ?

P. 128. Quel est le prix de 275 mètres de damas à 29 fr. le mètre ?

P. 129. Quelle somme doit recevoir un cultivateur pour 46 hectolitres de blé à 19 fr. l'hectolitre ?

P. 130. Une malle-poste parcourt 15 kilomètres par heure ; quel chemin parcourt-elle en 18 heures?

P. 131. Que doit-on payer pour 14 fauteuils à 45 fr. l'un ?

P. 132. Que doit-on payer pour 17 volumes à 13 fr. l'un ?

P. 133. Un stère de bois coûte, à Paris, 18 fr.; quel est le prix de 24 stères ?

P. 134. Que doit-on payer pour 29 pièces de ruban à 14 fr. la pièce ?

P. 135. Quel est le prix de 36 douzaines de canifs à 18 fr. la douzaine ?

P. 136. Quel est le prix de 45 rames de papier cavalier à 13 fr. la rame ?

P. 137. Quel est le nombre de litres contenus dans 25 tonneaux de chacun 160 litres ?

P. 138. Que faut-il payer pour 27 tableaux à 75 fr. la pièce ?

P. 139. Que faut-il payer pour 145 montres à 125 fr. la pièce ?

P. 118. $12 \times 75 = 900.$
R. Le nombre des carreaux est de 900.

P. 119. $27 \times 45 = 1.215.$
R. La roue, en 45 minutes, fait 1.215 tours.

P. 120. $45 \times 450 = 20.250.$
R. L'ouvrage contient 20.250 lignes.

P. 121. $43 \times 42 = 1.806.$
R. Dans la page d'impression, il y a 1.806 lettres.

P. 122. $54 \times 18 = 972.$
R. Dans la page d'écriture, il y a 972 lettres.

P. 123. $45 \times 12 = 540.$
R. Le traitement annuel est de 540 francs.

P. 124. $219 \times 14 = 3.066.$
R. On doit payer 3.066 francs.

P. 125. $27 \times 42 = 1.134.$
R. On brûle 1.134 chandelles.

P. 126. $75 \times 195 = 14.625.$
R. La longueur totale est de 14.625 mètres.

P. 127. $724 \times 47 = 34.028.$
R. Pour 47 chevaux on doit payer 34.028 fr.

P. 128. $29 \times 275 = 7.975.$
R. Le prix des mètres de damas est de 7.975 fr.

P. 129. $19 \times 46 = 874.$
R. Le cultivateur doit recevoir 874 francs.

P. 130. $15 \times 18 = 270.$
R. La malle-poste parcourt 270 kilomètres.

P. 131. $45 \times 14 = 630.$
R. On doit payer 630 francs.

P. 132. $13 \times 17 = 221.$
R. Pour les volumes on doit payer 221 francs.

P. 133. $18 \times 24 = 432.$
R. Vingt-quatre stères coûtent 432 francs.

P. 134. $14 \times 29 = 406.$
R. On doit payer 406 francs.

P. 135. $18 \times 36 = 648.$
R. Le prix des canifs est de 648 francs.

P. 136. $13 \times 45 = 585.$
R. Le prix des rames de papier est de 585 fr.

P. 137. $160 \times 25 = 4.000.$
R. Les tonneaux contiennent 4.000 litres.

P. 138. $75 \times 27 = 2.025.$
R. Il faut payer 2.025 francs.

P. 139. $125 \times 145 = 18.125.$
R. Il faut payer 18.125 francs.

PROBLÈMES SUR L'ADDITION,
LA SOUSTRACTION ET LA MULTIPLICATION

P. 140. Quelqu'un a compté 942 poires sur un arbre; combien en restera-t-il si l'on en cueille 579 ?

P. 141. Combien y a-t-il de poires sur un arbre, sachant que si l'on en cueille 345 il en restera 407 ?

P. 142. Quel est le nombre d'oranges contenues dans deux caisses, si la première en a 345, et la seconde 367 ?

* P. 143. Deux caisses d'oranges en contiennent, la première 345, et la seconde 542 ; si l'on en prend 47 de la seconde pour les mettre dans la première, combien y en aura-t-il dans chacune ?

P. 144. Deux caisses d'oranges en contiennent, la première 476, et la seconde 504 ; combien faut-il en mettre dans la première caisse pour qu'elle en ait autant que la seconde ?

* P. 145. Deux caisses d'oranges en contiennent, la première 380, et la seconde 406 ; combien faut-il mettre d'oranges de la seconde caisse dans la première pour que la première en ait 400 ?

P. 146. Un marchand reçoit quatre commandes de chacune 450 bouteilles ; il fait deux envois de chacun 170 bouteilles ; combien en doit-il livrer encore ?

* P. 147. Quel est le nombre de personnes que peut transporter un train de 25 wagons ayant chacun 40 places ?

P. 148. Quel est le nombre de voyageurs que peut transporter une diligence, sachant que le coupé a 3 places, l'intérieur 6, la rotonde 8, et l'impériale 3 ?

* P. 149. Combien manque-t-il d'élèves à une classe qui a 75 places, si les élèves présents sont répartis sur 8 tables à raison de 9 par table ?

P. 150. Quel est le nombre de sacs de blé contenus dans 8 voitures qui en transportent 18 chacune ?

P. 151. Quel est le nombre de planches contenues dans 2 voitures, si la première en a 240, et la seconde 175 ?

P. 152. Une voiture transporte 375 planches ; combien en restera-t-il après en avoir retiré 89 ?

P. 153. Deux frères se partagent 2.424 volumes ; si l'aîné a 1.875 volumes, quelle sera la part du cadet ?

PROBLÈMES SUR L'ADDITION,

LA SOUSTRACTION ET LA MULTIPLICATION.

—

P. 140. $942 - 579 = 363$.
R. Il reste sur l'arbre 363 poires.

P. 141. $345 + 407 = 752$.
R. Il y a sur l'arbre 752 poires.

P. 142. $345 + 367 = 712$.
R. Les deux caisses contiennent 712 oranges.

P. 143. $345 + 47 = 392$; $542 - 47 = 495$.
R. La 1re caisse aura 392 oranges, et la 2e 495.

P. 144. $501 - 476 = 28$.
R. Il faut mettre 28 oranges dans la 1re caisse.

P. 145. $400 - 380 = 20$.
R. Il faut mettre 20 oranges dans la 1re caisse.

P. 146. $450 \times 4 = 1.800$; $370 \times 2 = 740$;
$1.800 - 740 = 1.060$.
R. Le marchand doit encore 1.060 bouteilles.

P. 147. $40 \times 25 = 1.000$.
R. Le train peut transporter 1.000 personnes.

P. 148. $3 + 6 + 8 + 3 = 20$.
R. La diligence peut transporter 20 voyageurs.

P. 149. $9 \times 8 = 72$; $75 - 72 = 3$.
R. Il manque 3 élèves.

P. 150. $18 \times 8 = 144$.
R. Les voitures contiennent 144 sacs de blé.

P. 151. $240 + 275 = 515$.
R. Les deux voitures contiennent 515 planches.

P. 152. $375 - 89 = 286$.
R. Il reste dans la voiture 286 planches.

P. 153. $2.424 - 1.875 = 549$.
R. La part du cadet est de 549 volumes.

P. 154. Quel est le nombre de couteaux contenus dans 18 boîtes de chacune 12 couteaux ?

P. 155. Dans un hospice on entretient 245 pauvres ; combien leur distribue-t-on de chemises par an à raison de 5 pour chacun ?

P. 156. Dans un hospice on entretient 245 pauvres ; combien leur distribue-t-on de paires de bas par an à raison de 3 paires pour chacun ?

P. 157. Quel est le nombre de chandelles contenues dans 24 paquets de chacun 6 chandelles ?

P. 158. Que doit-on payer pour 57 couvertures à 9 fr. la pièce ?

P. 159. Combien coûtent 15 chemises à 3 fr. la pièce ?

* P. 160. Que doit-on payer pour 19 douzaines de mouchoirs à 4 fr. la douzaine ?

P. 161. Quelle est la charge d'une voiture de blé qui porte 18 sacs de blé pesant chacun 210 kilogrammes ?

P. 162. Quel est le nombre de figues contenues dans 18 paniers qui en contiennent chacun 125 douzaines ?

P. 163. Quel est le nombre de carreaux contenus dans 14 croisées de chacune 24 carreaux ?

P. 164. Quelle est la valeur d'une somme en or qu' se compose de 87 pièces de 10 fr. ?

P. 165. Quelle est la valeur d'une somme en argent qui se compose de 247 pièces de 5 fr. ?

P. 166. Quel est le nombre de fagots contenus dans 6 voitures, si une voiture transporte 65 fagots ?

P. 167. Quel est l'effectif d'une flottille qui se compose de 9 vaisseaux portant chacun 450 hommes ?

* P. 168. Combien faut-il ajouter d'hommes à un détachement de 765 hommes pour le porter à 1.188 ?

P. 169. Quel est le total de l'âge des 4 personnes d'une famille, si la 1re a 46 ans, la 2e 40 ans, la 3e 18 ans, et la 4e 9 ans ?

P. 170. Un homme respire 19 fois par minute ; combien respirera-t-il de fois dans une heure ou 60 minutes ?

* P. 171. Un homme respire 22 fois par minute, combien respire-t-il de fois dans un jour, sachant que le jour est de 24 heures et l'heure de 60 minutes ?

P. 172. Quel est le nombre d'ardoises qui recouvrent un toit, si elles forment 175 rangées de chacune 178 ?

P. 154. $12 \times 18 = 216$.
R. Les boîtes contiennent 216 couteaux.

P. 155. $245 \times 5 = 1.225$.
R. On distribue par an 1.225 chemises.

P. 156. $245 \times 3 = 735$.
R. On distribue par an 735 paires de bas.

P. 157. $24 \times 6 = 144$.
R. Les 24 paquets contiennent 144 chandelles.

P. 158. $57 \times 9 = 513$.
R. On doit payer 513 francs.

P. 159. $15 \times 3 = 45$.
R. Les chemises coûtent 45 francs.

P. 160. $19 \times 4 = 76$.
R. On doit payer 76 francs.

P. 161. $210 \times 18 = 3.780$.
R. La charge de la voiture est de 3.780 kilog.

P. 162. $125 \times 12 \times 18 = 27.000$.
R. Les 18 paniers contiennent 27.000 figues.

P. 163. $24 \times 24 = 576$.
R. Les 24 croisées contiennent 576 carreaux.

P. 164. $87 \times 10 = 870$.
R. La valeur de la somme est de 870 francs.

P. 165. $247 \times 5 = 1.235$.
R. La valeur de la somme est de 1.235 francs.

P. 166. $65 \times 6 = 390$.
R. Les six voitures contiennent 390 fagots.

P. 167. $450 \times 9 = 4.050$.
R. L'effectif de la flottille est de 4.050 hommes.

P. 168. $1.188 - 765 = 423$.
R. Il faut ajouter 423 hommes.

P. 169. $46 + 40 + 18 + 9 = 113$.
R. Ces quatre personnes ont ensemble 113 ans.

P. 170. $19 \times 60 = 1.140$.
R. Cet homme, en une heure, respire 1.140 fois.

P. 171. $24 \times 60 \times 22 = 31.680$.
R. Cet homme, en un jour, respire 31.680 fois.

P. 172. $178 \times 175 = 31.150$.
R. Le nombre des ardoises est de 31.150.

P. 173. Quel est le nombre de chaises contenues dans une salle, si l'on y compte 68 rangées de chacune 47 chaises ?

P. 174. Une feuille a 12 images; combien y en a-t-il dans un rouleau de 18 feuilles ?

P. 175. Quel est le nombre de volumes contenus dans 8 caisses, si chacune en a 274 ?

* P. 176. Un marchand vend 645 assiettes : il en livre 540 une première fois, et 178 une seconde; combien en doit-il livrer encore ?

P. 177. Une personne transporte 2.704 bouteilles; combien en a-t-elle cassé en route, si elle n'en peut livrer que 2.597 ?

* P. 178. Un chapelier reçoit deux commandes, l'une de 450 chapeaux, et l'autre de 250 : il en livre 575 ; qu doit-il envoyer encore ?

P. 179. Dans une classe de 72 élèves, chaque écolier 9 livres ; combien ont-ils de livres en tout ?

* P. 180. Une marchande avait 500 œufs; elle en vend 13 douzaines; combien lui en reste-t-il ?

* P. 181. Un panier contient 146 œufs; on en ajoute 17 douzaines; combien en a-t-il ensuite ?

P. 182. Quel est l'effectif d'une armée qui se compose de 14.700 hommes d'infanterie, 3.800 de cavalerie, 2.160 d'artillerie et 1.140 de train ?

* P. 183. En battant le blé avec un fléau, un ouvrier frappe 37 coups par minute; combien en frappe-t-il dans une journée de 10 heures ?

P. 184. Si un tas de 25 gerbes de blé donne en moyenne 130 litres de grain, combien 95 tas semblables donneront-ils de litres ?

P. 185. La ville de Paris a consommé en une année pour 1.345.600 fr. de fromage et pour 7.889.540 fr. de volaille ; à combien s'élève la dépense pour ces deux objets ?

P. 186. La ville de Paris a consommé en une année pour 1.345.600 fr. de fromage et pour 5.498.060 fr. de poisson ; combien la dépense en poisson a-t-elle dépassé celle en fromage ?

P. 187. Sachant que la ville de Paris a consommé en une année pour 8.753.900 fr. de volaille et pour 5.498.060 de poisson, dites de combien la dépense en volaille dépasse celle en poisson ?

P. 173. $47 \times 68 = 3.196$.
R. La salle contient 3.196 chaises.

P. 174. $12 \times 18 = 216$.
R. Il y a dans le rouleau 216 images.

P. 175. $274 \times 8 = 2.192$.
R. Les caisses contiennent 2.192 volumes.

P. 176. $340 + 178 = 518 ; 645 - 518 = 127$.
R. Le marchand doit encore livrer 127 assiettes.

P. 177. $2.704 - 2.597 = 107$.
R. Cette personne a cassé 107 bouteilles.

P. 178. $450 + 250 = 700 ; 700 - 575 = 125$.
R. Le chapelier doit encore livrer 125 chapeaux.

P. 179. $72 \times 9 = 648$.
R. Les écoliers ont en tout 648 livres.

P. 180. $12 \times 13 = 156 ; 500 - 156 = 344$.
R. Il reste à la marchande 344 œufs.

P. 181. $12 \times 17 = 204 ; 146 + 204 = 350$.
R. Il y a dans le panier 350 œufs.

P. 182. $14.700 + 3.800 + 2.160 + 1.140 = 21.800$.
R. L'effectif de l'armée est de 21.800 hommes.

P. 183. $60 \times 10 \times 37 = 22.200$.
R. L'ouvrier, en 10 heures, frappe 22.200 coups.

P. 184. $130 \times 95 = 12.350$.
R. Les gerbes donneront 12.350 litres de grain.

P. 185. $1.345.600 + 7.889.540 = 9.235.140$.
R. La dépense d'une année est de 9.235.140 fr.

P. 186. $5.498.060 - 1.345.600 = 4.152.460$.
R. La dépense en poisson a dépassé celle en
fromage de 4.152.460 francs.

P. 187. $8.753.900 - 5.498.060 = 3.255.840$.
R. La dépense en volaille dépasse celle en
poisson de 3.255.840 francs.

P. 188. Pendant la 1re semaine de novembre 1854, Eugène a obtenu 125 bonnes notes, 130 la 2e semaine, 107 la 3e semaine, et 132 la 4e; combien de bonnes notes a-t-il obtenues pendant ce mois ?

* P. 189. Six cordiers ont fait le 1er 7.856 mètres de corde, le 2e 785, le 3e 4.876, le 4e 4.920, le 5e 8.320, le 6e 267 ; combien ont-ils fait de mètres ?

P. 190. Pour défricher un terrain, un laboureur y a consacré une 1re fois 27 journées, une 2e fois 56 journées, et enfin une 3e fois 45 journées ; en combien de journées de travail ce terrain a-t-il été défriché ?

P. 191. Le chemin de fer du Nord a 292 kilom., celui de Paris au Havre 229, celui de Paris à Strasbourg 501, celui de Paris à Orléans 122 ; quelle est la longueur réunie de ces voies ferrées ?

* P. 192. Un père a 4 enfants; en les établissant, il donna au 1er 12.600 f.; au 2e 14.860 f.; au 3e 15.980 f.; et au 4e 18.500 fr.; sachant qu'il lui reste 35.600 fr., dites à combien s'élevait sa fortune.

P. 193. Une heure étant de 60 minutes, on demande le nombre de minutes contenues dans 27 heures.

* P. 194. Un ouvrier économise 2 fr. par jour de travail, combien aura-t-il économisé au bout de trois années de chacune 305 jours de travail?

P. 195. Il y a déjà 15.780 tuiles de placées sur une halle, et les couvreurs assurent que les toits en contiendront 29 fois plus; combien y aura-t-il de tuiles ?

P. 196. La plus haute pyramide d'Egypte est élevée de 160 mètres; de combien dépasse-t-elle la colonne Vendôme, qui n'a que 45 mètres de hauteur?

P. 197. Une malle-poste franchit 295 mètres par minute; à quelle distance du point de départ sera-t-elle après une marche de 50 minutes?

P. 198. Sur le montant de sa semaine, un ouvrier met 18 fr. de côté; combien d'économie aura-t-il après 52 semaines?

P. 199. De combien le mont Himalaya est-il plus élevé que le mont Blanc, la hauteur du 1er étant de 7.821 mètres, celle du second n'étant que de 4.810 mètres?

P. 200. Les 75 élèves qui composent une seconde classe doivent chacun écrire une page de 18 lignes ; combien se fera-t-il de lignes dans cette classe ?

* P. 201. Combien un ouvrier gagne-t-il par an, s'il dépense 850 fr., et qu'il économise 560 francs ?

P. 188. $125 + 130 + 107 + 132 = 494.$
R. Eugène a gagné 494 bonnes notes.

P. 189. $7.856 + 785 + 4.876 + 4.920 + 8.320 + 267 = 27.024.$
R. Les cordiers ont fait 27.024 mètres de cordes.

P. 190. $27 + 56 + 45 = 128.$
R. Le terrain a été défriché en 128 journées.

P. 191. $292 + 229 + 501 + 122 = 1.144.$
R. Ces quatre chemins de fer ont 1.144 kilomètres de longueur.

P. 192. $12.600 + 14.860 + 15.980 + 18.500 + 35.600 = 97.540.$
R. La fortune du père s'élevait à 97.540 francs.

P. 193. $60 \times 27 = 1.620.$
R. Dans 27 heures il y a 1.620 minutes.

P. 194. $305 \times 3 \times 2 = 1.830.$
R. L'ouvrier a économisé en trois ans 1.830 fr.

P. 195. $15.780 \times 29 = 457.620.$
R. Il y aura sur les toits 457.620 tuiles.

P. 196. $160 - 45 = 115.$
R. La plus haute pyramide d'Égypte dépasse la colonne Vendôme de 115 mètres.

P. 197. $295 \times 50 = 14.750.$
R. La diligence sera à 14.750 mèt. de distance.

P. 198. $18 \times 52 = 936.$
R. L'ouvrier aura 936 francs d'économie.

P. 199. $7.821 - 4.810 = 3.011.$
R. Le mont Himalaya surpasse le mont Blanc de 3.011 mètres.

P. 200. $18 \times 75 = 1.350.$
R. Il se fera dans la classe, 1.350 lignes.

P. 201. $850 + 560 = 1.410.$
R. Cet ouvrier gagne, par an, 1.410 francs.

PROBLÈMES SUR LA DIVISION

P. 202. Combien aura-t-on de volumes pour 69 fr., à 3 fr. le volume ?

P. 203. Quel est le prix d'une bouteille de vin, lorsque 345 bouteilles coûtent 690 fr. ?

P. 204. Combien aura-t-on de chapeaux pour 360 fr., à 8 fr. la pièce ?

P. 205. Combien aura-t-on de casquettes de 2 f. avec une somme de 426 fr. ?

P. 206. Quel est le prix d'un chapeau, lorsque 12 se vendent 108 fr. ?

P. 207. Quel est le prix d'une chaise, lorsque 45 chaises coûtent 180 fr. ?

P. 208. Avec une somme de 231 fr. combien aura-t-on de chaises du prix de 3 fr. ?

P. 209. Une famille dépense 7 fr. par jour ; dans combien de jours aura-t-elle dépensé 175 fr. ?

P. 210. Une famille dépense 702 fr. en 78 jours ; quelle est sa dépense par jour ?

P. 211. Un ouvrier travaille 12 heures par jour ; combien mettra-t-il de jours pour travailler 420 heures ?

P. 212. Un ouvrier a fait 275 heures de travail pendant 25 jours ; combien d'heures travaillait-il par jour ?

P. 213. Le stère de bois coûte, à Paris, 18 fr. ; combien aura-t-on de stères pour 756 fr. ?

P. 214. Lorsque 54 stères de bois coûtent 972 fr., quel est le prix du stère ?

P. 215. Un commis gagne 600 fr. par an ; que gagne-t-il par mois ?

P. 216. Un commis qui gagne 45 fr. par mois a reçu 360 fr. ; pour combien de mois a-t-il été payé ?

P. 217. Combien y a-t-il d'heures dans 840 minutes, sachant qu'une heure se compose de 60 minutes ?

P. 218. Un canon tire 120 coups par heure ; combien mettra-t-il d'heures pour tirer 1.680 coups ?

P. 219. Combien faut-il de sacs capables de contenir chacun 248 noix pour recevoir 5.952 noix ?

P. 220. On remplit 14 paniers égaux avec 4.844 pommes ; quelle est la contenance de chaque panier

PROBLÈMES SUR LA DIVISION.

P. 202. 69 : 3 = 23.
R. Pour 69 francs on aura 23 volumes.

P. 203. 690 : 345 = 2.
R. Le prix d'une bouteille est de 2 francs.

P. 204. 360 : 8 = 45.
R. On aura 45 chapeaux.

P. 205. 426 : 2 = 213.
R. On aura 213 casquettes.

P. 206. 108 : 12 = 9.
R. Le prix d'un chapeau est de 9 francs.

P. 207. 180 : 45 = 4.
R. Le prix d'une chaise est de 4 francs.

P. 208. 231 : 3 = 77.
R. On aura 77 chaises.

P. 209. 175 : 7 = 25.
R. Dans 25 jours.

P. 210. 702 : 78 = 9.
R. Cette famille dépense 9 francs par jour.

P. 211. 420 : 12 = 35.
R. L'ouvrier mettra 35 jours.

P. 212. 275 : 25 = 11.
R. L'ouvrier travaillait 11 heures par jour.

P. 213. 756 : 18 = 42.
R. On aura 42 stères de bois.

P. 214. 972 : 54 = 18.
R. Le prix du stère est de 18 francs.

P. 215. 600 : 12 = 50.
R. Le commis gagne 50 francs par mois.

P. 216. 360 : 45 = 8.
R. Le commis a été payé pour 8 mois.

P. 217. 840 : 60 = 14.
R. Dans 840 minutes il y a 14 heures.

P. 218. 1.680 : 120 = 14.
R. Le canon doit tirer pendant 14 heures.

P. 219. 5.952 : 248 = 24.
R. Il faut 24 sacs.

P. 220. 4.844 : 14 = 346.
R. La contenance est de 346 pommes.

P. 221. Combien faut-il de pièces d'or de 50 fr. pour avoir une valeur de 5.050 fr. ?

P. 222. Combien faut-il de pièces d'or de 20 fr. pour avoir une valeur de 6.040 fr. ?

P. 223. Combien faut-il de pièces d'or de 10 fr. pour avoir une valeur de 4.750 fr. ?

P. 224. Combien faut-il de pièces de 5 fr. pour avoir une valeur de 4.795 fr. ?

P. 225. Combien faut-il de pièces de 2 fr. pour avoir une valeur de 6.924 fr. ?

P. 226. Combien faut-il de pièces de 1 fr. pour avoir une valeur de 976 fr. ?

P. 227. Une somme en or de 7.300 fr. est composée de 730 fois la même pièce d'or ; quelle est cette pièce ?

P. 228. Une somme de 4.795 fr. est formée de 959 fois la même pièce d'argent ; quelle en est la valeur ?

P. 229. Une malle-poste a parcouru 396 kilomètres en 12 heures ; qu'a-t-elle parcouru en 1 heure ?

P. 230. Combien faudra-t-il d'heures à une voiture qui fait 14 kilom. à l'heure, pour parcourir 252 kilom. ?

P. 231. Douze caisses pèsent ensemble 1.872 kilog. ; quel est le poids d'une caisse ?

P. 232. Une pièce de drap contenant 48 mètres coûte 672 fr. ; quel est le prix du mètre ?

P. 233. Un ouvrier a gagné 184 fr. en 46 jours ; combien a-t-il gagné par jour ?

P. 234. Un ouvrier gagne 6 fr. par jour ; combien lui faudra-t-il de jours pour gagner 630 fr. ?

P. 235. Combien faut-il de pièces de vin de 250 litres pour recevoir une récolte de 31.000 litres ?

P. 236. Combien de jours a travaillé un ouvrier qui a reçu 124 fr. à raison de 4 fr. par jour ?

P. 237. Une récolte de 69.540 litres se trouve répartie en 305 tonneaux ; dites la contenance d'un tonneau ?

P. 238. Le kilogramme de tabac coûte 8 fr. ; combien en aura-t-on de kilogr. pour 720 fr. ?

P. 239. Combien faut-il de semaines pour payer une somme de 325 fr., si l'on donne 13 fr. par semaine ?

P. 240. Que faut-il donner chaque semaine pour acquitter en 14 semaines une dette de 756 fr. ?

* P. 241. Combien faudra-t-il de jours à un écrivain pour copier un livre de 720 pages, s'il en copie 3 par heure et s'il travaille 12 heures par jour ?

P. 221.   4.040 : 40 — 101.
    R. Il faut 101 pièces de quarante francs.
P. 222.   6.040 : 20 — 302.
    R. Il faut 302 pièces de vingt francs.
P. 223.   4.750 : 10 = 475.
    R. Il faut 475 pièces de dix francs.
P. 224.   4.795 : 5 = 959.
    R. Il faut 959 pièces de cinq francs.
P. 225.   6.924 : 2 = 3.462.
    R. Il faut 3.462 pièces de deux francs.
P. 226.   976 : 1 = 976.
    R. Il faut 976 pièces d'un franc.
P. 227.   14.600 : 365 = 40.
    R. La valeur de la pièce d'or est de 40 francs.
P. 228.   4.795 : 959 = 5.
    R. La valeur de la pièce d'argent est de 5 fr.
P. 229.   396 : 22 = 18.
    R. La diligence a parcouru 18 kil. en 1 heure.
P. 230.   352 : 14 = 18.
    R. Il faudra 18 heures.
P. 231.   1.872 : 12 = 156.
    R. Le poids d'une caisse est de 156 kilog.
P. 232.   672 : 48 = 14.
    R. Le prix du mètre est de 14 francs.
P. 233.   184 : 46 = 4.
    R. L'ouvrier a gagné 4 francs par jour.
P. 234.   630 : 6 = 105.
    R. Il faudra à l'ouvrier 105 jours.
P. 235.   31.000 : 250 = 124.
    R. Il faut 124 pièces de vin.
P. 236.   124 : 4 = 31.
    R. L'ouvrier a travaillé 31 jours.
P. 237.   69.540 : 305 = 228.
    R. La contenance d'un tonneau est de 228 litres.
P. 238.   720 : 8 = 90.
    R. On aura 90 kilogrammes de tabac.
P. 239.   325 : 13 = 25.
    R. Il faut 25 semaines.
P. 240.   756 : 14 = 54.
    R. Il faut donner chaque semaine 54 francs.
P. 241.   12 × 3 = 36 ; 720 : 36 = 20.
    R. Il faudra 20 jours à l'écrivain.

PROBLÈMES SUR LES QUATRE RÈGLES

P. 242. Trois joueurs ont perdu, l'un 115 fr., un autre 92 fr., et le troisième 40 fr. ; que doivent-ils débourser?

P. 243. Un débiteur devait 4.050 fr. à son créancier : il lui donne 380 fr. ; combien lui doit-il encore ?

P. 244. Un bateau fait 6 voyages par jour, et transporte chaque fois 98 personnes ; quel est le nombre de personnes transportées dans un jour?

P. 245. Un marchand de bois a acheté 270 arbres pour 4.590 fr. ; quel est le prix d'un arbre?

P. 246. Dans un arsenal, il y a 92 piles de chacune 3.400 boulets ; dites le nombre total des boulets.

P. 247. Louis XIV monta sur le trône en 1643, et mourut en 1715 ; combien d'années a-t-il régné ?

P. 248. Dites la durée de la dynastie mérovingienne, sachant qu'elle a occupé le trône de 420 à 752.

P. 249. La dynastie carlovingienne a commencé en 752 et a occupé le trône 235 ans ; dites l'année de sa fin.

P. 250. Si un canif coûte 3 fr., quel est le prix d'une grosse, ou de 144 canifs ?

P. 251. Huit pièces contiennent ensemble 840 litres d'eau-de-vie ; quelle est la contenance d'une pièce ?

P. 252. Six personnes se partagent une succession de 1.173.072 fr. ; quelle est la part de chacune ?

P. 253. Si un hectare de terre coûte 1.551 fr., combien coûteront 25 hectares ?

P. 254. Quinze balles de coton pèsent 5.655 kilog. ; quel est le poids de chaque balle?

P. 255. Une personne qui devait 18.450 fr. a payé 7.450 fr. ; que doit-elle encore ?

P. 256. Un ouvrier en 12 jours a travaillé 120 heures ; combien travaillait-il d'heures par jour ?

P. 257. La veille d'un combat une armée comptait 80.000 hommes, le lendemain elle n'en avait plus que 60.785 ; combien cette armée avait-elle perdu d'hommes ?

P. 258. Une armée comptait 56.000 hommes la veille d'un combat ; le lendemain il lui en manquait 12.000 : combien d'hommes restait-il à cette armée ?

PROBLÈMES SUR LES QUATRE RÈGLES.

—

P. 242. $115 + 92 + 40 = 247.$
R. Les trois joueurs doivent débourser 247 fr.

P. 243. $4.050 - 380 = 3.670.$
R. Le débiteur doit encore 3.670 francs.

P. 244. $98 \times 6 = 588.$
R. Le bateau transporte par jour 588 pers.

P. 245. $4.590 : 270 = 17.$
R. Le prix d'un arbre est de 17 francs.

P. 246. $3.400 \times 92 = 312.800.$
R. Le nombre total des boulets est de 312.800.

P. 247. $1715 - 1643 = 72.$
R. Louis XIV a régné 72 ans.

P. 248. $752 - 420 = 332.$
R. La dynastie mérovingienne a duré 332 ans.

P. 249. $752 + 235 = 987.$
R. La dynastie mérovingienne a fini en 987.

P. 250. $144 \times 3 = 432.$
R. La grosse de canifs coûte 432 francs.

P. 251. $840 : 8 = 105.$
R. Une pièce contient 105 litres.

P. 252. $1.173.072 : 6 = 195.512.$
R. La part de chaque personne est 195.512 fr.

P. 253. $1.551 \times 25 = 38.775.$
R. Vingt-cinq hectares coûteront 38.775 francs.

P. 254. $5.655 : 15 = 377.$
R. Chaque balle pèse 377 kilogrammes.

P. 255. $18.450 - 7.450 = 11.000.$
R. Cette personne doit encore 11.000 francs.

P. 256. $120 : 12 = 10.$
R. L'ouvrier travaillait 10 heures par jour.

P. 257. $80.000 - 60.785 = 19.215.$
R. Cette armée avait perdu 19.215 hommes.

P. 258. $56.000 - 12.600 = 43.400.$
R. Il restait à l'armée 43.400 hommes.

P. 259. Si un ouvrier reçoit 80 fr. par mois, combien reçoit-il par an?

P. 260. On a acheté 15 couverts d'argent pour 540 fr.; à combien revient le couvert?

P. 261. Si un mètre de drap coûte 14 fr., combien coûteront 100 mètres?

P. 262. Quelle somme faut-il pour payer 1.000 mètres de drap à 13 fr. le mètre?

P. 263. Quel est le prix de 1.200 hectares de terre à 50 fr. l'hectare?

P. 264. Quel est le prix de 1.500 stères de bois à 15 fr. le stère?

P. 265. Pour 500 fr. on a eu 100 kilog. de dragées; quel est le prix du kilogramme?

P. 266. Un laboureur trace un sillon en 7 minutes; combien mettra-t-il de minutes pour en tracer 45?

P. 267. Que doit payer une ménagère qui a dépensé 4 fr. chez le boulanger, 6 fr. chez le boucher et 10 fr. chez l'épicier?

* P. 268. Un négociant avait dans sa caisse 18.520 fr.; il y a mis depuis 1.500 fr., ensuite 500 fr.; quelle somme a-t-il actuellement en caisse?

P. 269. Quel est le nombre des volumes d'une bibliothèque qui a 16 rayons de chacun 279 volumes?

P. 270. Un libraire a 1.250 volumes d'une première part, 795 d'une seconde part, et 5.425 d'une troisième part; dites combien il en a en tout.

P. 271. Dix mètres de drap coutent 120 fr.; quel est le prix du mètre?

P. 272. Un ouvrier reçoit 250 fr. pour 50 jours de travail; quel est le prix de sa journée?

P. 273. Une mère partage 342 noix entre ses trois enfants; combien chaque enfant en reçoit-il?

P. 274. Jules a gagné 920 bons points en 8 mois; dites combien il en a gagné en moyenne par mois.

P. 275. Quarante-cinq volumes d'un ouvrage coûtent 540 fr.; quel est le prix d'un volume?

P. 276. Si un couvert d'argent coûte 35 fr., combien en aura-t-on pour 630 francs?

P. 277. Si un couvert d'argent coûte 38 fr., quel est le prix de 25 couverts semblables?

P. 278. Combien faut-il de vaisseaux pour embarquer 6.840 hommes, si l'on met 1.368 hommes par vaisseau?

P. 259. $80 \times 12 = 960$.
R. L'ouvrier reçoit 960 francs par an.
P. 260. $540 : 15 = 36$.
R. Le couvert revient à 36 francs.
P. 261. $14 \times 100 = 1.400$.
R. Cent mètres coûteront 1.400 francs.
P. 262. $13 \times 1.000 = 13.000$.
R. Il faut payer 13.000 francs.
P. 263. $1.200 \times 50 = 60.000$.
R. Douze cents hectares coûtent 60.000 francs.
P. 264. $1.500 \times 15 = 22.500$.
R. Quinze cents stères coûtent 22.500 francs.
P. 265. $500 : 100 = 5$.
R. Le kilogramme de dragées coûte 5 francs.
P. 266. $45 \times 7 = 315$.
R. Le laboureur mettra 315 minutes.
P. 267. $4 + 6 + 10 = 20$.
R. La ménagère doit payer 20 francs.
P. 268. $18.520 + 1.500 + 500 = 20.520$.
R. Le négociant a en caisse 20.520 francs.
P. 269. $279 \times 16 = 4.464$.
R. La bibliothèque a 4.464 volumes.
P. 270. $1.250 + 795 + 5.425 = 7.470$.
R. Le libraire a 7.470 volumes.
P. 271. $120 : 10 = 12$.
R. Le mètre de drap coûte 12 francs.
P. 272. $250 : 50 = 5$.
R. Le prix de la journée est de 5 francs.
P. 273. $342 : 3 = 114$.
R. Chaque enfant reçoit 114 noix.
P. 274. $920 : 8 = 115$.
R. Jules a gagné 115 bons points par mois.
P. 275. $540 : 45 = 12$.
R. Un volume coûte 12 francs.
P. 276. $630 : 35 = 18$.
R. On aura 18 couverts.
P. 277. $38 \times 25 = 950$.
R. Le prix des vingt-cinq couverts est de 950 fr.
P. 278. $6.840 : 1.368 = 5$.
R. Il faut 5 vaisseaux.

P. 279. Que doit payer un voyageur qui a séjourné 18 jours dans une hôtellerie à raison de 8 fr. par jour?

P. 280. Un voyageur ayant séjourné 40 jours dans une ville y a dépensé 280 fr.; dites sa dépense journalière.

P. 281. Une personne partage 600 fr. entre 20 personnes; quelle est la part de chacune?

P. 282. Un ouvrier gagne 4 fr. par jour; combien gagnera-t-il en 55 jours?

P. 283. Une fontaine donne 125 litres d'eau par heure; combien en donnera-t-elle en 24 heures?

P. 284. La pièce de 1 fr. pèse 5 grammes; que pèsent 8.650 pièces de 1 franc?

P. 285. Quatorze cents litres de vin sont contenus dans 5 pièces d'égale contenance; que contient chaque pièce?

P. 286. Un rentier peut dépenser 25 fr. par jour; que peut-il dépenser dans une année de 365 jours?

P. 287. Quel est le nombre de points que Gustave peut gagner pendant 18 jours à raison de 25 points par jour?

P. 288. Quelle est la longueur totale de 15 pièces de trap ayant chacune 24 mètres de longueur?

P. 289. Combien Edmond possède-t-il de billes, s'il a 5 sacs de chacun 125 billes?

P. 290. Oscar a 840 billes renfermées par égale part dans 4 sacs; combien y en a-t-il dans chaque sac?

P. 291. Une feuille d'impression in-18 a 36 pages; combien un volume de 15 feuilles a-t-il de pages?

P. 292. Alfred dépense 5 fr. par jour; combien dépensera-t-il dans une année de 365 jours?

P. 293. Si une pièce de vin contient 250 litres, quelle est la contenance de 55 pièces semblables?

P. 294. On a mis 345 litres de vin dans un tonneau, et on peut encore y mettre 135 litres; dites la contenance de ce tonneau.

P. 295. Un négociant a dans sa caisse 6.702 fr.; s'il en dépense 879, combien lui restera-t-il?

P. 296. Un voyageur fait 1.386 kilom. en 33 jours; combien de kilom. parcourt-il en moyenne par jour?

P. 297. Une fontaine a donné 50 litres d'eau en 1 heure, en combien de temps donnerait-elle 600 litres?

P. 298. Londres a 1.870.727 habitants; Paris en a 1.100.000; de combien la population de Londres surpasse-t-elle celle de Paris?

P. 279. $18 \times 8 = 144$.
R. Le voyageur doit payer 144 francs.
P. 280. $280 : 40 = 7$.
R. La dépense journalière a été de 7 francs.
P. 281. $600 : 20 = 30$.
R. La part de chaque personne est de 30 francs.
P. 282. $55 \times 4 = 220$.
R. L'ouvrier gagnera 220 francs.
P. 283. $125 \times 24 = 3.000$.
R. La fontaine donnera 3.000 litres.
P. 284. $3.650 \times 5 = 18.250$.
R. Les pièces pèsent 18.250 grammes.
P. 285. $1.400 : 5 = 280$.
R. Une pièce contient 280 litres.
P. 286. $365 \times 25 = 9.125$.
R. Le rentier peut dépenser 9.125 fr. par an.
P. 287. $25 \times 18 = 450$.
R. Gustave peut gagner 450 bons points.
P. 288. $24 \times 15 = 360$.
R. La longueur totale est de 360 mètres.
P. 289. $125 \times 5 = 625$.
R. Edmond possède 625 billes.
P. 290. $840 : 4 = 210$.
R. Il y a dans chaque sac 210 billes.
P. 291. $36 \times 15 = 540$.
R. Ce volume a 540 pages.
P. 292. $365 \times 5 = 1.825$.
R. Alfred pendant l'année dépensera 1.825 fr.
P. 293. $250 \times 55 = 13.750$.
R. Les pièces contiennent ensemble 13.750 lit.
P. 294. $345 + 135 = 480$.
R. Le tonneau contient 480 litres.
P. 295. $6.702 - 879 = 5.823$.
R. Il restera au négociant 5.823 francs.
P. 296. $1.386 : 33 = 42$.
R. Le voyageur parcourt 42 kilom. par jour.
P. 297. $600 : 50 = 12$.
R. La fontaine donnera 600 litres en 12 heures.
P. 298. $1.870.727 - 1.100.000 = 770.727$.
R. Londres a 770.727 habit. de plus que Paris.

P. 299. On a vendu 49 mètres de coutil d'une pièce qui en contenait 75 ; combien en reste-t-il ?

P. 300. Pour 1 fr. on a eu 465 grammes de sucre ; combien en aura-t-on pour 30 francs ?

P. 301. Ernest avait 7 ans à son entrée à l'école des Frères ; il est resté 2 ans à la 3e classe, 1 an à la 2e, 4 ans à la 1re ; dites à quel âge il est sorti de l'école.

P. 302. Une cuve pleine contient 7.280 litres de vin ; combien peut-elle remplir de tonneaux de 280 litres ?

P. 303. Un mètre d'ouvrage coûte 39 fr. ; combien fera-t-on de mètres de cet ouvrage pour 19.305 francs ?

* P. 304. Sur une certaine somme, 172 personnes ont reçu chacune 18 fr., et il reste encore 15 fr. ; quelle est cette somme ?

P. 305. Un voyageur a fait 864 kilom. en 24 jours, quel chemin a-t-il fait chaque jour ?

P. 306. On a fait exécuter 173 mètres d'ouvrage à raison de 18 fr. le mètre ; que doit-on ?

P. 307. Un ouvrier peut faire 38 mètres d'ouvrage par jour ; combien en ferait-il en 312 jours ?

P. 308. Léon est né en 1838 ; dites quel était son âge en 1853 ?

P. 309. Henri est né en 1835 ; en quelle année aura-t-il 70 ans ?

P. 310. Un père avait 28 ans à la naissance de son fils, quel sera l'âge du fils quand le père aura 68 ans ?

P. 311. Auguste est né en 1804, il a vécu 44 ans ; quelle est l'année de sa mort ?

P. 312. Un père avait 35 ans à la naissance de son fils ; quel sera l'âge du fils quand le père aura 77 ans ?

P. 313. Oscar vint au monde lorsque son père avait 17 ans, et il en avait 33 à la mort de son père ; combien le père a-t-il vécu ?

P. 314. Un père a 67 ans, et son fils 23 ; quel âge avait le père à la naissance de son fils ?

P. 315. Une personne est morte en 1853, âgée de 88 ans ; quelle est l'année de sa naissance ?

P. 316. Léon a eu 30 ans en 1853 ; quel âge avait alors son père, qui a 27 ans de plus que lui ?

* P. 317. Nathan a eu 23 ans en 1850 ; quel âge avait-il en 1841 ?

* P. 318. Émile est né en 1803 ; combien d'années après 1819 a-t-il eu 47 ans ?

P. 299. $75 - 49 = 26.$
R. Il reste 26 mètres.

P. 300. $465 \times 30 = 13.950.$
R. On aura 13.950 grammes de sucre.

P. 301. $7 + 2 + 1 + 4 = 14.$
R. Ernest est sorti de l'école à 14 ans.

P. 302. $7.280 : 280 = 26.$
R. La cuve peut remplir 26 tonneaux.

P. 303. $19.305 : 39 = 495.$
R. On fera 495 mètres d'ouvrage.

P. 304. $172 \times 18 = 3.096 ; 3.096 + 15 = 3.111.$
R. La somme est de 3.111 francs.

P. 305. $864 : 24 = 36.$
R. Le voyageur fait chaque jour 36 kilomètres.

P. 306. $173 \times 18 = 3.114.$
R. On doit 3.114 francs.

P. 307. $312 \times 38 = 11.856.$
R. L'ouvrier ferait 11.856 mètres.

P. 308. $1853 - 1838 = 15.$
R. En 1853, Léon avait 15 ans.

P. 309. $1835 + 70 = 1905.$
R. Henri aura 70 ans en l'année 1905.

P. 310. $68 - 28 = 40.$
R. L'âge du fils sera de 40 ans.

P. 311. $1804 + 44 = 1848.$
R. Auguste est mort en 1848.

P. 312. $77 - 35 = 42.$
R. Lorsque le père aura 77 ans, le fils aura 42 ans.

P. 313. $27 + 33 = 60.$
R. Le père a vécu 60 ans.

P. 314. $67 - 23 = 44.$
R. Le père avait 44 ans à la naissance de son fils.

P. 315. $1853 - 38 = 1815.$
R. Cette personne est née en 1815.

P. 316. $30 + 27 = 57.$
R. En 1853, le père de Léon avait 57 ans.

P. 317. $1850 - 1841 = 9 ; 23 - 9 = 14.$
R. En 1841, Nathan avait 14 ans.

P. 318. $1803 + 17 = 1850, 1850 - 1819 = 31.$
R. C'est 31 ans après 1819 qu'Émile a eu 47 ans.

P. 319. Dans 19 ans Ernest aura 27 ans; quel âge a-t-il aujourd'hui?

P. 320. Christophe Colomb avait 51 ans lorsqu'il découvrit l'Amérique, en 1492; dites la date de sa naissance.

P. 321. La 1re race des rois de France a fourni 22 rois, la 2e en a fourni 13, et la 3e 36; combien ces 3 dynasties ont-elles donné de rois?

P. 322. La 1re race des rois de France a donné 22 rois, et la 2e n'en a donné que 13; combien est-ce de moins que la 1re?

P. 323. Louis IX, monté sur le trône de France en 1226, est mort en 1270; quelle est la durée de son règne?

P. 324. Henri IV est monté sur le trône en 1589, et il a régné 21 ans; dites l'année de sa mort.

P. 325. Louis XIV est monté sur le trône à l'âge de 5 ans, et il a régné 72 ans; quel âge avait-il à sa mort?

* P. 326. Le déluge a eu lieu 3.308 ans avant J.-C.; combien s'est-il écoulé d'années depuis cet événement jusqu'à la mort de Louis XIV, en 1715 après J.-C.?

* P. 327. La ville de Rome a été fondée l'an 753 avant J.-C.; quelle était la durée de son existence en 1840?

P. 328. Quel temps s'est-il écoulé entre l'invention de l'imprimerie et celle de la poudre à canon, sachant que l'imprimerie date de 1445, et la poudre de 1474?

P. 329. Depuis combien d'années l'Amérique était-elle découverte en 1840, sachant qu'elle le fut en 1492?

P. 330. Moïse naquit 2.873 ans après la création, et mourut âgé de 120 ans; quelle est la date de la mort de ce saint patriarche?

P. 331. En partageant une somme entre 28 personnes, chacune a reçu 305 fr.; quelle est cette somme?

P. 332. Un négociant a vendu 25.904 fr. le café qui lui avait coûté 18.072 fr.; quel est son bénéfice?

P. 333. Martin a mangé 27 noisettes à son déjeuner, 35 à son dîner, et 48 à son souper; combien de noisettes a-t-il mangées dans sa journée?

P. 334. Un père a laissé 25.840 fr. à chacun de ses 8 enfants; quelle était sa fortune?

P. 335. Un ouvrage de 376 mètres a été fait en 8 jours; combien de mètres a-t-on faits chaque jour?

P. 336. Vingt-cinq personnes ont 47.325 fr. à se partager; combien revient-il à chacune?

P. 319. $27 - 19 = 8.$
          R. Ernest a 8 ans aujourd'hui.
P. 320. $1492 - 51 = 1441.$
          R. Christophe Colomb naquit en 1441.
P. 321. $22 + 13 + 36 = 71.$
          R. Ces trois races ont donné 71 rois.
P. 322. $22 - 13 = 9.$
          R. La 2e race a donné 9 rois de moins que la 1re.
P. 323. $1270 - 1226 = 44.$
          R. Le règne de Louis IX a été de 44 ans.
P. 324. $1589 + 21 = 1610.$
          R. Henri IV est mort en 1610.
P. 325. $72 + 5 = 77.$
          R. Louis XIV avait à sa mort 77 ans.
P. 326. $3.308 + 1.715 = 5.023.$
          R. Il s'est écoulé 5.023 ans entre le déluge et la
          mort de Louis XIV.
P. 327. $753 + 1840 = 2.593.$
          R. En 1840 Rome avait 2.593 années d'existence.
P. 328. $1.474 - 1.445 = 29.$
          R. Il s'est écoulé 29 ans entre l'invention de
          la poudre à canon et celle de l'imprimerie.
P. 329. $1840 - 1.492 = 348.$
          R. En 1840, il y avait 348 ans que l'Amérique
          était découverte.
P. 330. $2.873 + 120 = 2.993.$
          R. Moïse mourut 2.993 ans après la création.
P. 331. $365 \times 28 = 10.220.$
          R. Cette somme était de 10.220 francs.
P. 332. $25.904 - 18.072 = 7.832.$
          R. Le bénéfice de ce négociant est de 7.832 fr.
P. 333. $27 + 35 + 48 = 110.$
          R. Martin a mangé 110 noiset. dans sa journée.
P. 334. $25.840 \times 8 = 206.720.$
          R. La fortune du père est de 206.720 fr.
P. 335. $376 : 8 = 47.$
          R. On a fait 47 mètres par jour.
P. 336. $47.325 : 25 = 1.893.$
          R. Il revient à chaque personne 1.893 fr.

P. 337. Une personne a payé 7.475 fr., elle doit encore 8.532 fr.; combien devait-elle?

P. 338. Un écolier a 85 billes, et il en avait seulement 88 avant de jouer; combien en a-t-il gagné?

P. 339. On veut distribuer 1.196 fr. à 23 pauvres; combien chacun aura-t-il?

P. 340. Un homme devait 17.834 fr.; il a déjà payé 9.473 fr.; combien doit-il encore?

P. 341. Une machine file 13 kilogr. de coton par heure; combien en file-t-elle en 12 heures?

P. 342. Un ouvrage de 5.550 mètres doit être réparti entre 37 ouvriers; quelle sera la tâche de chacun?

P. 343. On a payé 406 fr. pour 29 mètres de drap; quel est le prix du mètre?

P. 344. Un kilog. de marchandise coûte 97 fr.; combien coûtent 214 kilogrammes?

P. 345. Une pièce de calicot de 126 mètres de longueur doit être coupée en 7 morceaux égaux; quelle sera la longueur de chaque morceau?

P. 346. Quelle était la dette de Pierre, sachant qu'après avoir payé 840 fr. il doit encore 277 fr.?

P. 347. Le siége d'une ville a duré 45 jours, et les assiégeants ont lancé 13.365 bombes sur cette ville; combien en ont-ils lancé, en moyenne, par jour?

P. 348. Que doit payer un tailleur qui a acheté 55 mètres de drap à 18 fr. le mètre?

P. 349. A combien revient le mètre de drap, si pour 360 fr. on en a 40 mètres?

P. 350. Un tailleur pose 18 boutons à un habit; combien en posera-t-il à 235 habits?

P. 351. Pour 25 habits un tailleur a employé 375 boutons; combien en a-t-il employé par habit?

P. 352. Un train de marchandises parcourt 375 mètres par minute; combien mettra-t-il de minutes pour parcourir 16.125 mètres?

P. 353. En 12 jours, un homme a fait 216 mètres d'ouvrage; combien a-t-il fait de mètres par jour?

P. 354. Un brocanteur achète un meuble 428 fr., et il le revend 489 fr.; quel est son gain?

P. 355. Pour aller à son travail et en revenir, un ouvrier fait 4.769 mètres par jour; s'il a fait ce trajet depuis 65 jours, combien a-t-il parcouru de mètres?

P. 356. Pour le service d'une batterie il faut 122 hommes; combien faut-il d'hommes pour 25 batteries?

P. 337. $7.475 + 8.532 = 16.007.$
R. Cette personne devait 16.007 francs.
P. 338. $85 - 38 = 47.$
R. L'écolier a gagné 47 billes.
P. 339. $1.496 : 23 = 52.$
R. Chaque pauvre aura 52 francs.
P. 340. $17.834 - 9.473 = 8.361.$
R. Cet homme doit encore 8.361 francs.
P. 341. $13 \times 12 = 156.$
R. La machine file 156 kilog. de coton.
P. 342. $5.550 : 37 = 150.$
R. La tâche de chaque ouvrier sera de 150 r.
P. 343. $406 : 29 = 14.$
R. Le prix du mètre de drap est de 14 francs.
P. 344. $214 \times 97 = 20.758.$
R. Les 214 kilog. coûteront 20.758 francs.
P. 345. $126 : 7 = 18.$
R. Chaque morceau aura 18 mètres.
P. 346. $840 + 277 = 1.117.$
R. La dette de Pierre est de 1.117 francs.
P. 347. $13.365 : 45 = 297.$
R. Les assiégeants ont lancé par jour 297 bomb.
P. 348. $18 \times 55 = 990.$
R. Le tailleur doit payer 990 francs.
P. 349. $360 : 40 = 9.$
R. Le mètre de drap revient à 9 francs.
P. 350. $235 \times 18 = 4.230.$
R. Le tailleur posera 4.230 boutons.
P. 351. $375 : 25 = 15.$
R. Le tailleur a employé 15 boutons par habit.
P. 352. $16.125 : 375 = 43.$
R. La diligence mettra 43 minutes.
P. 353. $216 : 12 = 18.$
R. Cet homme a fait 18 mètres par jour.
P. 354. $489 - 428 = 61.$
R. Le gain du brocanteur est de 61 francs.
P. 355. $4.769 \times 65 = 309.985.$
R. L'ouvrier a parcouru 309.985 mètres.
P. 356. $122 \times 25 = 3.050.$
R. Il faut, pour 25 batteries, 3.050 hommes.

* **P. 357.** Un relieur a 640 volumes à relier à raison de 40 centimes le volume ; s'il fait cet ouvrage en 40 jours. quel sera le prix de sa journée ?

P. 358. Le balancier d'une pendule fait 60 oscillations par minute ; combien en fera-t-il en 50 minutes ?

P. 359. Une maison a coûté 12.800 fr. ; sachant qu'on y a fait pour 860 fr. de réparations, dites à combien s'élève le prix de cette maison.

P. 360. Une classe possède 7 cartons renfermant chacun 125 modèles de dessin ; combien y a-t-il de modèles ?

P. 361. Il y a dans une école 530 modèles d'écriture qui sont également répartis en 5 cases ; dites combien il y en a dans chaque case.

P. 362. En 3 jours, un homme a fait un voyage : le 1er jour il a marché 10 heures, le 2e 8 heures, et le 3e 6 heures ; pendant combien d'heures a-t-il marché ?

** **P. 363.** Un laboureur a 2.304 sillons à tracer ; sachant qu'il travaille 8 heures par jour et qu'il met 5 minutes pour un sillon, combien de jours durera son travail ?

P. 364. Un général fait distribuer 1.225.000 cartouches à 35.000 soldats ; quelle est la part de chaque soldat ?

P. 365. Un général fait distribuer 50 cartouches à chacun des soldats d'un détachement de 45.600 hommes, combien de cartouches a-t-on distribuées en tout ?

* **P. 366.** Un général a 9 bataillons de chacun 560 hommes ; il fait distribuer 40 cartouches à chaque soldat ; combien de cartouches a-t-il fait distribuer ?

* **P. 367.** Un général a fait distribuer 110.000 cartouches à 5 bataillons composés chacun de 550 hommes ; combien chaque soldat a-t-il reçu de cartouches ?

P. 368. La 1re salle d'un hôpital a 53 malades, la 2e en a 40, et la 3e 28 ; combien y en a-t-il en tout ?

P. 369. Un pépiniériste a vendu 375 arbres pour 1.500 fr. ; à combien revient un arbre ?

P. 370. Un négociant met dans sa caisse vide 6.750 fr. ; s'il en retire ensuite 2.308 fr., dites ce qui reste.

P. 371. Un épicier revend 588 fr. les marchandises qu'il avait payées 319 fr. ; que gagne-t-il ?

P. 372. Benoît a emprunté 857 fr., il a déjà rendu 548 fr. ; combien doit-il encore ?

P. 373. Le siège d'une ville a duré 57 jours ; combien les assiégés ont-ils reçu de bombes, à raison de 365 par jour ?

P. 374. Une roue fait 15.086 tours en une heure, une autre en fait 11.795 ; combien est-ce de moins ?

P. 357. $(640 \times 0,10) : 40 = 6,40.$
R. Le prix d'une journée est de 6 fr. 40 c.

P. 358. $60 \times 50 = 3.000.$
R. Le balancier fera 3.000 oscillations.

P. 359. $12.800 + 860 = 13.660.$
R. Le prix de la maison s'élève à 13.660 francs.

P. 360. $125 \times 7 = 875.$
R. Il y a 875 modèles de dessin.

P. 361. $530 : 5 = 106.$
R. Dans chaque case il y a 106 modèles.

P. 362. $10 + 8 + 6 = 24.$
R. Cet homme a marché pendant 24 heures.

P. 363. $2.304 \times 5 = 11.520 ; 8 \times 60 = 480 ;$
    $11.520 : 480 = 24.$
R. Le travail du laboureur durera 24 jours.

P. 364. $1.225.000 : 35.000 = 35.$
R. La part de chaque soldat est de 35 cartouches.

P. 365. $45.600 \times 50 = 2.280.000.$
R. On a distribué 2.280.000 cartouches.

P. 366. $560 \times 9 \times 40 = 201.600.$
R. On a distribué 201.600 cartouches.

P. 367. $550 \times 5 = 2.750 ; 110.000 : 2.750 = 40.$
R. Chaque soldat a reçu 40 cartouches.

P. 368. $53 + 40 + 28 = 121.$
R. Dans l'hôpital il y a en tout 121 malades.

P. 369. $1.500 : 375 = 4.$
R. Un arbre revient à 4 francs.

P. 370. $6.750 - 2.308 = 4.442.$
R. Il reste en caisse 4.442 francs.

P. 371. $588 - 319 = 269.$
R. L'épicier gagne 269 francs.

P. 372. $857 - 548 = 309.$
R. Benoit doit encore 309 francs.

P. 373. $365 \times 57 = 20.805.$
R. Les assiégés ont reçu 20.805 bombes.

P. 374. $15.086 - 11.795 = 3.291.$
R. La seconde roue fait 3.291 tours de moins.

P. 375. Combien peut dépenser par jour un rentier qui jouit d'un revenu annuel de 18.250 francs?

* P. 376. Un boucher achète 28 bœufs pour 6.000 fr.; il les revend, et gagne 50 fr. par bœuf; quel est son bénéfice?

* P. 377. Pierre doit 168 fr.; il donne d'abord 62 fr., ensuite 53 fr.; combien lui reste-t-il à payer?

P. 378. Que doit débourser un boucher qui achète 35 bœufs à 415 fr. chacun?

P. 379. Un cultivateur vend 415 moutons à 12 francs chacun; combien lui est-il dû?

P. 380. Un marchand achète 258 moutons; en les revendant il perd 3 fr. par mouton; quel est le total de sa perte?

* P. 381. Ernest reçoit 2 fr. pour acheter 3 kilog. de pain à 0 fr. 32 c. le kilog. et 2 chandelles à 0 fr. 15 c. pièce; combien d'argent doit-il rapporter?

P. 382. Que doit débourser un épicier pour solder 18 caisses de marchandises, si chacune lui coûte 59 fr.?

P. 383. Il y a dans un arsenal 1.854.600 boulets répartis en 120 piles; combien y a-t-il de boulets dans chaque pile?

P. 384. Que doit-on payer pour un travail de 35 jours, si la dépense journalière a été de 165 francs?

P. 385. Le mètre de drap coûte 17 fr.; que coûtent 52 mètres?

P. 386. Le litre de vin coûte 0 fr. 80 c.; que doit-en payer pour 640 litres?

P. 387. Avec 22.500 fr. combien aura-t-on de mètres de toile à 3 fr. le mètre?

P. 388. Le kilog. de sucre coûte 1 fr. 65 c.; que doit-on payer pour 95 kilogrammes?

P. 389. Un travail de 45 jours a occasionné une dépense de 8.325 fr.; quelle a été la dépense journalière?

P. 390. Un joueur a gagné 119 fr.; la veille il en avait perdu 200; quelle est encore sa perte?

P. 391. Combien coûteront 1.200 verres à 0 fr. 10 c. le verre?

P. 392. Pour faire 15 mètres d'ouvrage, un ouvrier met un jour; combien emploiera-t-il de jours pour en faire 75 mètres.

* P. 393. Quel est le poids d'une caisse qui contient 85 paquets de chandelles pesant chacun 2 kilog., sachant que la caisse vide pèse 12 kilogrammes?

P. 375. 18.250 : 365 = 50.
R. Le rentier peut dépenser par jour 50 fr.

P. 376. 50 × 28 = 1.400.
R. Le bénéfice du boucher est de 1.400 francs.

P. 377. 62 + 53 = 115 ; 168 — 115 = 53.
R. Pierre doit encore payer 53 francs.

P. 378. 415 × 35 = 14.525.
R. Le boucher doit débourser 14.525 francs.

P. 379. 415 × 12 = 4.980.
R. Il est dû au cultivateur 4.980 francs.

P. 380. 258 × 3 = 774.
R. Le total de la perte est de 774 francs.

P. 381. 0,32 × 3 = 0,96; 0,15 × 2 = 0,30;
0,96 + 0,30 = 1,26 ; 2 — 1,26 = 0,74.
R. Ernest doit rapporter 0 fr. 74 c.

P. 382. 59 × 18 = 1.062.
R. L'épicier doit débourser 1.062 francs.

P. 383. 1.854.600 : 120 = 15.455.
R. Il y a 15.455 boulets dans chaque pile.

P. 384. 165 × 35 = 5.775.
R. On doit payer 5.775 francs.

P. 385. 17 × 52 = 884.
R. Cinquante-deux mètres coûtent 884 francs.

P. 386. 640 × 0,80 = 512.
R. On doit payer 512 francs.

P. 387. 22.500 : 3 = 7.500.
R. On aura 7.500 mètres.

P. 388. 1,65 × 95 = 156,75.
R. On doit payer 156 fr. 75 cent.

P. 389. 8.325 : 45 = 185.
R. La dépense journalière a été de 185 francs.

P. 390. 200 — 119 = 81.
R. La perte du joueur est encore de 81 francs.

P. 391. 1.200 × 0,10 = 120.
R. Les verres coûteront 120 francs.

P. 392. 75 : 15 = 5.
R. L'ouvrier emploiera 5 jours.

P. 393. 85 × 2 = 170 ; 170 + 12 = 182.
R. La caisse pèse 182 kilogrammes.

P. 394. Dans un sac il y a 2.700 noisettes, et dans un 2° sac il y en a 3.500; combien dans les 2 sacs?

P. 395. Une pièce de vin coûte 211 fr.; combien faut-il la revendre pour gagner 35 francs?

P. 396. Une pièce de vin coûte 192 fr.; combien a-t-on perdu en la revendant 175 francs?

P. 397. Jean a dépensé 400 fr., perdu 24, prêté 150, et il lui reste encore 157 fr.; quelle somme avait-il?

P. 398. Combien s'est-il écoulé d'heures dans 2 années consécutives, l'une de 365 jours, l'autre de 366 jours?

P. 399. Combien peut-on mettre de personnes dans une salle qui renferme 80 banquettes de 25 places?

P. 400. Une personne économise 15 fr. par semaine; combien aura-t-elle économisé dans 40 semaines?

P. 401. Un ouvrier a mis 50 jours pour faire un ouvrage; combien 5 ouvriers auraient-ils mis de jours?

P. 402. Un entrepreneur reçoit pour la bâtisse d'une maison 18.650 fr.; sachant qu'il a déboursé 12.090 fr. pour payer les matériaux et la main d'œuvre, dites quel a été son bénéfice.

P. 403. Eugène reçoit 80 bons points pour son application, mais il en perd 35 par sa négligence; que lui reste-t-il?

P. 404. Que doit-on payer à un ouvrier pour 34 jours de travail à 4 fr. par jour?

* P. 405. Un maître emploie 10 ouvriers à 6 fr., 15 à 5 fr., 20 à 4 fr., et 25 à 3 fr.; les ouvriers ne travaillant pas le dimanche, quelle somme faut-il chaque semaine pour les payer?

P. 406. La population de la France, en 1840, était de 35.750.000 habitants; dites celle de l'Espagne, si elle était inférieure à celle de la France de 21.650.000 habitants?

P. 407. Jean a 9.875 fr.; que lui manque-t-il pour avoir 13.000 francs?

P. 408. Un pont a 8 arches de 12 mètres d'ouverture y compris la largeur des piliers; quelle est sa longueur?

* P. 409. Un père laisse en mourant 8.500 fr. à chacun de ses 4 garçons, et 6.500 fr. à chacune de ses 2 filles; quelle était sa fortune?

* P. 410. Cent trente cinq pages d'écriture de 15 lignes chacune ont été faites par 45 élèves; combien chaque élève a-t-il fait de lignes?

* P. 411. Combien écriront de lignes 55 élèves qui doivent faire chacun 4 pages de chacune 18 lignes?

P. 394.   2.700 + 3.500 = 6.200.
          R. Il y a, dans les deux sacs, 6.200 noisettes.

P. 395.   211 + 35 = 246.
          R. Il faut revendre la pièce de vin 246 francs.

P. 396.   192 — 175 = 17.
          R. On a perdu 17 francs.

P. 397.   400 + 24 + 150 + 157 = 731.
          R. Jean avait 731 francs.

P. 398.   365 + 366 = 731 ; 731 × 24 = 17.544.
          R. Il s'est écoulé 17.544 heures.

P. 399.   25 × 80 = 2.000.
          R. On peut mettre 2.000 personnes.

P. 400.   15 × 40 = 600.
          R. Cette personne aura économisé 600 francs.

P. 401.   50 : 5 = 10.
          R. 5 ouvriers emploieraient chacun 10 jours.

P. 402.   18.650 — 12.090 = 6.560.
          R. Le bénéfice de l'entrepreneur est de 6.560 fr.

P. 403.   80 — 35 = 45.
          R. Il reste à Eugène 45 bons points.

P. 404.   34 × 4 = 136.
          R. On doit donner à cet ouvrier 136 francs.

P. 405.   (10 × 6) + (15 × 5) + (20 × 4) + (25 × 3)
              = 290 ; 290 × 6 = 1.740.
          R. Pour payer les ouvriers, il faut 1.740 fr.

P. 406.   35.750.000 — 21.650.000 = 14.100.000.
          R. L'Espagne a 14.100.000 habitants.

P. 407.   13.000 — 9.875 = 3.125.
          R. Il manque à Jean 3.125 francs.

P. 408.   12 × 8 = 96.
          R. La longueur du pont est de 96 mètres.

P. 409.   (8.500 × 4) + (6.500 × 2) = 47.000.
          R. La fortune du père était de 47.000 francs.

P. 410.   (135 × 15) : 45 = 45.
          R. Chaque élève a fait 45 lignes.

P. 411.   18 × 4 × 55 = 3.960.
          R. Dans cette classe, il s'écrira 3.960 lignes.

P. 412. Un marchand a acheté 2 pièces de drap, de chacune 25 mètres, à raison de 15 fr. le mètre; quelle somme doit-il ?

P. 413. Que coûtent 25 mètres de drap à 16 fr. le mètre ?

P. 414. Lorsque 1.700 bouteilles de vin coûtent 2.040 fr., quel est le prix d'une bouteille ?

* P. 415. Quelle somme faut-il pour payer 34 ouvriers qui ont travaillé chacun 29 jours à 4 fr. par jour ?

P. 416. Que faut-il payer pour 78 pièces de ruban à 12 fr. la pièce ?

P. 417. Un cheval tout harnaché a coûté 620 fr. ; il aurait coûté nu 350 fr.; quel est le prix des harnais ?

** P. 418. Un cheval tout harnaché a coûté 850 fr. ; il aurait coûté nu 380 fr. ; de combien le prix des harnais dépasse-t-il celui du cheval ?

** P. 419. Un cheval tout harnaché a coûté 780 fr. ; il aurait coûté nu 460 fr. ; de combien le prix du cheval dépasse-t-il celui des harnais ?

P. 420. Un ouvrier a reçu 13 fr. 50 de salaire pour une semaine ; que gagne-t-il par jour ?

P. 421. Quatre pièces contiennent ensemble 1.280 litres de vin ; combien chaque pièce en contient-elle ?

P. 422. Une pièce de drap contient 25 mètres ; qu'en contiennent 38 pièces semblables ?

P. 423. Dans un département il y a eu 44.889 naissances, et dans un autre 22.875 ; combien y a-t-il eu de naissances en totalité ?

* P. 424. Un chapelet brigitain a 70 grains ; combien faut-il de grains pour trois douzaines de chapelets ?

P. 425. Il faut 8 rouleaux de papier pour tapisser un appartement ; combien en faudra-t-il pour tapisser 7 appartements semblables ?

P. 426. Deux chasseurs ont tué 1 cerf, 4 lièvres, 15 perdrix, 10 bécasses et 18 cailles ; combien de pièces de gibier ont-ils tuées ?

P. 427. En 30 semaines de travail, un ouvrier a mis 600 fr. de côté ; combien a-t-il économisé par semaine ?

P. 428. On compte dans une plantation 34 rangées de 25 arbres ; combien y a-t-il d'arbres dans la plantation ?

P. 429. Une batterie tire 80 coups par heure ; combien de coups a-t-elle tirés pendant 24 heures ?

P. 430. Une batterie d'artillerie a tiré 2.070 coups en 18 heures ; combien a-t-elle tiré de coups par heure ?

P. 412. $15 \times 25 \times 2 = 750$.
R. Le marchand de drap doit 750 francs.

P. 413. $16 \times 25 = 400$.
R. Les vingt-cinq mètres coûtent 400 francs.

P. 414. $2.040 : 1.700 = 1,20$.
R. La bouteille de vin coûte 1 fr. 20 c.

P. 415. $34 \times 29 \times 4 = 3.944$.
R. Il faut une somme de 3.944 francs.

P. 416. $12 \times 78 = 936$.
R. Il faut payer la somme de 936 francs.

P. 417. $620 - 350 = 270$.
R. Les harnais coûtent 270 francs.

P. 418. $850 - 380 = 470 ; 470 - 380 = 90$.
R. Les harnais coûtent 90 fr. plus que le cheval.

P. 419. $780 - 460 = 320 ; 460 - 320 = 140$.
R. Le cheval coûte 140 fr. plus que les harnais.

P. 420. $13,50 . 6 = 2,25$.
R. Cet ouvrier gagne 2 fr. 25 c. par jour.

P. 421. $1.280 : 4 = 320$.
R. Chaque pièce contient 320 litres.

P. 422. $25 \times 38 = 950$.
R. Les 38 pièces contiennent ensemble 950 mèt.

P. 423. $44.889 + 22.875 = 67.764$.
R. Il y a eu en totalité 67.764 naissances.

P. 424. $70 \times 12 \times 3 = 2.520$.
R. Il faut 2.520 grains.

P. 425. $8 \times 7 = 56$.
R. Il faudra 56 rouleaux.

P. 426. $4 + 4 + 15 + 10 + 18 = 48$.
R. Les chasseurs ont tué 48 pièces de gibier.

P. 427. $600 : 30 = 20$.
R. L'ouvrier a économisé par semaine 20 fr.

P. 428. $25 \times 34 = 850$.
R. Il y a 850 arbres dans la plantation.

P. 429. $80 \times 24 = 1.920$.
R. La batterie a tiré 1.920 coups.

P. 430. $2.070 : 18 = 115$.
R. La batterie a tiré 115 coups par heure.

P. 431. Une batterie tire 94 coups à l'heure ; combien lui faudra-t-il d'heures pour tirer 2.350 coups ?

P. 432. La redingote de Georges coûte 3 fois autant que le gilet d'Anatole, qui vaut 9 fr. 50 c. ; que coûte la redingote de Georges ?

P. 433. Un enfant est né le 1er janvier 1845, et il est mort âgé de 3 ans ; combien de jours a-t-il vécu ?

P. 434. Vingt-quatre associés ont gagné 18.552 fr. ; quelle est la part de chacun ?

P. 435. Pour payer 28 ouvriers il a fallu 2.100 fr. ; combien chaque ouvrier a-t-il reçu ?

P. 436. Philippe, à son départ pour l'école, prend chaque jour 6 figues dans un panier ; au bout de 35 jours il n'y a plus rien, combien y avait-il de figues ?

P. 437. On veut conduire l'eau d'une source à une maison qui en est éloignée de 327 mètres ; combien faudra-t-il de tuyaux de 3 mètres de longueur ?

P. 438. Le balancier d'une horloge a fait 1.600 oscillations en 40 minutes ; combien en fait-il par minute ?

P. 439. Combien y a-t-il de minutes dans 24 heures ?

P. 440. Trois mille vingt-quatre noix ont été distribuées entre 36 enfants ; combien chacun en a-t-il reçu ?

P. 441. Dans une classe, 15 élèves ont reçu chacun 74 bons points ; combien de points leur a-t-on distribués ?

P. 442. Un domestique gagne 300 fr. par an ; combien a-t-il reçu au bout de 9 ans ?

P. 443. Pendant 12 ans, un domestique a reçu 3.180 fr. pour tous ses gages ; combien gagnait-il par an ?

P. 444. Un malade s'est mis au lit le 1er mai, il ne s'est levé que le 1er août ; combien est-il resté de jours au lit, mai ayant 31 jours, juin 30, et juillet 31 ?

** P. 445. Un ouvrage a duré 18 jours ; quel jour l'avait-on commencé, sachant qu'on l'a terminé le 23 mai et qu'il s'est rencontré 2 dimanches ?

P. 446. Si l'on partage 111 fr. en 3 parties égales, quelle sera la valeur de chaque part ?

P. 447. Un ouvrier gagne 3 fr. par jour ; combien gagne-t-il par année de 309 jours de travail ?

P. 448. Neuf associés ont gagné en un an 16.677 fr. ; quelle est la part du gain pour chaque associé ?

* P. 449. Un marchand crie à 40 centimes le kilogr. d'allumettes chimiques ; combien donnera-t-il de kilogr. pour 3 fr. 20 cent. ?

P. 431.　2.350 : 94 = 25.
　　　　R. Il faudra 25 heures.

P. 432.　9,50 × 3 = 28,50.
　　　　R. Le pantalon de Georges coûte 28 fr. 50 cent.

P. 433.　365 × 3 = 1.095.
　　　　R. L'enfant a vécu 1.095 jours.

P. 434.　18.552 : 24 = 773.
　　　　R. La part de chaque associé est de 773 francs.

P. 435.　2.100 : 28 = 75.
　　　　R. Chaque ouvrier a reçu 75 francs.

P. 436.　35 × 6 = 210.
　　　　R. Il y avait 210 figues dans le panier.

P. 437.　327 : 3 = 109.
　　　　R. Il faudra 109 tuyaux.

P. 438.　1.600 : 40 = 40.
　　　　R. Le balancier fait 40 oscillations en une min.

P. 439.　60 × 24 = 1.440.
　　　　R. Dans 24 heures, il y a 1.440 minutes.

P. 440.　3.024 : 36 = 84.
　　　　R. Chaque enfant a reçu 84 noix.

P. 441.　74 × 15 = 1.110.
　　　　R. On a distribué 1.110 bons points.

P. 442.　300 × 9 = 2.700.
　　　　R. Le domestique a reçu 2.700 francs.

P. 443.　3.180 : 12 = 265.
　　　　R. Le domestique gagnait par an 265 francs.

P. 444.　31 + 30 + 31 = 92.
　　　　R. Le malade est resté 92 jours au lit.

P. 445.　18 + 2 = 20 ; 23 — 20 = 3.
　　　　R. L'ouvrage a commencé le 3 mai.

P. 446.　111 : 3 = 37.
　　　　R. La valeur de chaque part est de 37.

P. 447.　309 × 3 = 927.
　　　　R. L'ouvrier gagne 927 francs par an.

P. 448.　16.677 : 9 = 1.853.
　　　　R. La part de chaque associé est de 1.853 fr.

P. 449.　3,20 : 0,40 = 8.
　　　　R. Il donnera 8 kilogrammes d'allumettes.

* P. 450. Que doit-on débourser pour l'achat de 6 kil. d'allumettes à 20 cent. le demi-kilogr. ?

* P. 451. Un entrepreneur emploie 15 ouvriers à 4 fr. par jour, 20 à 3 fr., et 24 à 2 fr. ; à combien s'élève par jour le salaire des ouvriers ?

* P. 452. Un ouvrier s'est mis au travail à 4 heures du matin, il l'a quitté 10 heures après ; quelle heure était-il ?

** P. 453. Un domestique reçoit par an 730 fr. ; s'il a perdu 73 jours, quelle retenue subira-t-il ?

P. 454. Combien y a-t-il de jours dans 3.000 heures ?

P. 455. Un livre a 720 pages ; combien a-t-il de feuilles d'impression, chaque feuille donnant 24 pages ?

P. 456. Soixante-quinze pièces de drap ont coûté 81.050 fr. ; quel est le prix d'une pièce ?

P. 457. Sur une succession de 61.632 francs, chaque héritier a reçu 10 272 fr. ; combien y avait-il d'héritiers ?

* P. 458. La cathédrale de Paris a été commencée en 1162 ; combien d'années après 1829 aura-t-elle 879 ans d'existence ?

P. 459. Le kilog. de sucre coûte 1 fr. 80 c., que coûtent 1.527 kilog. ?

P. 460. Quel est le nombre des vitres d'une maison qui compte 78 croisées de chacune 12 carreaux ?

P. 461. Paul a perdu 35 billes, et il lui en reste encore 75 ; combien en avait-il ?

P. 462. Un homme possède 5.789 fr. ; que lui manque-t-il pour posséder 8.000 fr. ?

P. 463. Un vaisseau a encore 48.160 rations ; on en consomme 860 par jour ; pour combien de jours a-t-il de vivres ?

P. 464. Un laboureur trace 15 sillons par heure ; combien mettra-t-il d'heures pour 1.995 sillons ?

P. 465. Un mur a 2 mètres 25 cent. de fondation et s'élève à 3 mètres 75 au-dessus du sol ; quelle est sa hauteur totale ?

P. 466. Une marchandise a coûté 3.250 fr., et on l'a revendue 4.050 fr. ; dites ce qu'on a gagné.

P. 467. Un père et son fils ont ensemble 123 ans, le père a 87 ans ; quel est l'âge du fils ?

* P. 468. Combien a-t-on dépensé pour acheter les livres d'une bibliothèque composée de 8 rayons, si chaque rayon a 192 livres coûtant 2 fr. chacun ?

P. 469. Pour 135 fr. on a eu 180 couteaux ; quel est le prix d'un couteau ?

P. 450. $0,20 \times 2 \times 6 = 2,40$.
R. On doit débourser 2 fr. 40 cent.

P. 451. $(15 \times 4) + (20 \times 3) + (24 \times 2) = 168$.
R. Le salaire s'élève par jour à 168 francs.

P. 452. $10 + 4 = 14$; $14 - 12 = 2$.
R. Il était 2 heures après midi.

P. 453. $730 : 365 = 2$; $2 \times 73 = 146$.
R. Le domestique subira une retenue de 146 fr.

P. 454. $3.000 : 24 = 125$.
R. Dans trois mille heures il y a 125 jours.

P. 455. $720 : 24 = 30$.
R. Ce livre a 30 feuilles.

P. 456. $31.050 : 75 = 414$.
R. Une pièce coûte 414 francs.

P. 457. $61.632 : 10.272 = 6$.
R. Il y avait 6 héritiers.

P. 458. $1.162 + 879 = 2.041$; $2.041 - 1.829 = 212$.
R. 212 ans après mil huit cent vingt-neuf.

P. 459. $1.527 \times 1,80 = 2.748,60$.
R. Ils coûtent 2.748 fr. 60 cent.

P. 460. $12 \times 78 = 936$.
R. Le nombre des carreaux de vitre est de 936.

P. 461. $75 + 35 = 110$.
R. Paul avait 110 billes.

P. 462. $8.000 - 5.789 = 2.211$.
R. Il manque à cet homme 2.211 francs.

P. 463. $48.160 : 860 = 56$.
R. Le vaisseau a des vivres pour 56 jours.

P. 464. $1.995 : 15 = 133$.
R. Le laboureur mettra 133 h^{res} pour ses sillons.

P. 465. $2,25 + 3,75 = 6$.
R. La hauteur totale du mur est de 6 mètres.

P. 466. $4.050 - 3.250 = 800$.
R. On a gagné 800 francs.

P. 467. $123 - 87 = 36$.
R. Le fils a 36 ans.

P. 468. $2 \times 192 \times 8 = 3.072$.
R. On a dépensé 3.072 francs.

P. 469. $135 : 180 = 0,75$.
R. Un couteau coûte 0 fr. 75 c.

P. 470. Un écolier doit copier 330 lignes, et il en a déjà écrit 225 ; combien lui en reste-t-il encore à faire ?

** P. 471. Un rentier dépense par jour 6 fr. 75 c. ; combien économise-t-il chaque année, s'il jouit d'un revenu de 3.500 francs ?

* P. 472. Je dois recevoir 7.424 fr. en trois paiements : le 1er sera de 1.704 fr., le 2e de 4.025 fr. ; quel sera le montant du 3e ?

** P. 473. Dans une église on a fait 4 quêtes pour une bonne œuvre : la 1re a donné 37 fr., la 2e 9 fr. de plus, la 3e 52 fr., et la 4e autant que la 1re et la 2e ; combien a-t-on ramassé en tout ?

* P. 474. Si l'on paie 4 fr. 50 cent. le mètre d'un certain ouvrage, combien de mètres a dû faire un ouvrier pour recevoir 90 francs ?

P. 475. Le dividende d'une division est 48.780, le diviseur est 45 ; quel est le quotient ?

** P. 476. Un ouvrier reçoit 85 fr. pour 17 jours de travail ; pendant combien de jours le ferait-on travailler avec 2.975 francs ?

* P. 477. Une maison a 28 croisées de chacune 12 carreaux ; combien doit-on au vitrier à raison de 75 centimes le carreau ?

P. 478. Un mètre de velours coûte 12 fr. 75 cent. ; que coûtent 232 mètres ?

P. 479. On achète 450 mètres de drap à 20 fr. 75 le mètre ; dites ce que l'on doit.

P. 480. Combien un train de chemin de fer qui parcourt 48 kilomètres à l'heure mettra-t-il de temps à parcourir la distance de Paris à Douai, qui est de 240 kilomètres ?

P. 481. Combien s'est-il écoulé d'heures en 1840, l'année ayant cette fois 366 jours ?

* P. 482. Dans une maison de commerce on emploie 18 commis à 4 fr., 8 à 3 fr., 4 à 2 fr. 25 c., et 3 hommes de peine à 1 fr. 75 ; à combien s'élève la dépense par jour ?

P. 483. Pour construire 9 fourneaux on a employé 2.286 briques ; combien en a-t-on employé à chacun ?

P. 484. Combien faut-il de briques pour la construction de 13 fourneaux, s'il faut 235 briques pour chacun ?

* P. 485. Un tailleur, avec une pièce de drap de 378 fr., fait 4 pantalons à 35 fr., et 8 redingotes à 70 fr. ; combien gagne-t-il ?

P. 470. $330 - 225 = 105$.
R. L'écolier a encore 105 lignes à écrire.

P. 471. $6,75 \times 365 = 2.463,75$;
$3.500 - 2.463,75 = 1.036,25$.
R. Le rentier économise par année 1.036 fr. 25 c.

P. 472. $7.424 - (1.704 + 4.025) = 1.695$.
R. Le troisième paiement sera de 1.695 francs.

P. 473. $37 + (37 + 9) + 52 + (37 + 37 + 9) = 218$.
R. On a ramassé en tout 218 francs.

P. 474. $90 : 4,50 = 20$.
R. L'ouvrier a dû faire 20 mètres d'ouvrage.

P. 475. $48.780 : 45 = 1.084$.
R. Le quotient de la division est 1.084.

P. 476. $85 : 17 = 5 ; 2.975 : 5 = 595$.
R. On fera travailler l'ouvrier pendant 595 jours.

P. 477. $12 \times 28 \times 0,75 = 252$.
R. On doit au vitrier 252 fr.

P. 478. $12,75 \times 232 = 2.958$.
R. Les mètres de velours coûtent 2.958 fr.

P. 479. $20,75 \times 450 = 9.337,50$.
R. On doit 9.337 fr. 50 cent.

P. 480. $240 : 48 = 5$.
R. Le train mettra 5 heures.

P. 481.   { 1840 étant divisible par 4, l'année est bissextile, c'est-
à-dire qu'elle a 366 jours.
{ $366 \times 24 = 8.784$.
R. Il s'est écoulé 8.784 heures.

P. 482. $(18 \times 4) + (8 \times 3) + (2,25 \times 4) + (1,75 \times 3)$
$= 110,25$.
R. La dépense par jour s'élève à 110 fr. 25 c.

P. 483. $2.286 : 9 = 254$.
R. On a employé 254 briques à un fourneau.

P. 484. $235 \times 13 = 3.055$.
R. Il faut 3.055 briques.

P. 485. $(35 \times 4) + (70 \times 8) = 700 ; 700 - 378 = 322$.
R. Le tailleur gagne 322 francs.

* P. 486. Une personne doit 47 fr. à son boucher, 109 fr. à son boulanger, et 32 fr. à son cordonnier; combien lui manque-t-il pour acquitter ses dettes, si elle touche 160 fr. chez son patron ?

* P. 487. Un mourant qui possède 12.300 fr. donne 8.900 fr. à l'hôpital, et partage le reste entre ses 5 parents ; quelle sera la part de chacun ?

** P. 488. Un écolier devait réciter 250 lignes : comme il n'en sait que 125, on lui donne à écrire 2 lignes par ligne qu'il ne sait pas; combien doit-il écrire de pages à raison de 25 lignes par page?

** P. 489. Une ménagère a dépensé lundi 3 fr. 25 c., mardi 4 fr. 50 c., mercredi 2 fr. 75 c., jeudi 5 fr. 20 c,, vendredi 3 fr. 75 c., et samedi 8 fr. 20 c, ; que lui reste-t-il sur deux pièces de 20 fr. qu'on lui avait données ?

* P. 490. Un bataillon comptait 720 hommes ; 40 sont morts à la guerre, 20 à l'hôpital, 15 ont été faits prisonniers, 8 ont déserté, et 50 ont obtenu leur congé; combien reste-t-il d'hommes dans ce bataillon?

* P. 491. Une escadre est composée de 6 vaisseaux et de 2 frégates. Les vaisseaux portent chacun 400 hommes et les frégates 350 ; quel est le nombre des hommes d'équipage ?

** P. 492. Quatre joueurs font bourse commune : le 1er a perdu 40 fr., le 2e 7 fr. de moins que le 1er, le 3e a gagné 15 fr., et le 4e 25 fr. ; quelle est leur perte ?

* P. 493. Trois joueurs faisant bourse commune résument ainsi leur journée : Jean a gagné 75 fr., mais Pierre et Émile ont perdu chacun 27 fr.; quel est leur gain ?

** P. 494. Un batelier fait 4 voyages par jour, et transporte chaque fois 80 personnes à 1 fr. 50 c. ; quel est son gain par jour, si la location lui occasionne par jour une dépense de 415 francs?

* P. 495 Combien y a-t-il de feuilles dans une rame de papier, sachant que la rame se compose de 20 mains, et la main de 25 feuilles ?

P. 496. Une pépinière contient 2.310 arbres, plantés sur 35 lignes; combien y en a-t-il sur chaque ligne?

** P. 497. Un homme n'ayant pas d'enfants laisse à moitié de ses biens à 4 neveux, et l'autre moitié à 6 cousins; combien eurent-ils chacun, sa fortune étant de 20.640 francs?

P. 486. $47 + 109 + 32 = 188$; $188 - 160 = 28$.
R. Il manque à cette personne 28 francs.

P. 487. $12.300 - 8.900 = 3.400$; $3.400 : 5 = 680$.
R. Chaque parent a 680 francs.

P. 488. $250 - 125 = 125$; $125 \times 2 = 250$; $250 : 25 = 10$.
R. L'écolier doit écrire 10 pages.

P. 489. $3,25 + 4,70 + 2,75 + 5,20 + 3,75 + 8,20 = 27,65$;
$20 \times 2 = 40$;
$40 - 27,65 = 12,35$.
R. Il reste à la ménagère 12 fr. 35 cent.

P. 490. $40 + 20 + 15 + 8 + 50 = 133$;
$720 - 133 = 587$.
R. Il reste 587 hommes dans ce bataillon.

P. 491. $(400 \times 6) + (350 \times 2) = 3.100$.
R. L'équipage compte 3.100 hommes.

P. 492. Perte $= 40 + 40 - 7 = 73$;
gain $= 15 + 25 = 40$,
$73 - 40 = 33$.
R. Leur perte définitive est de 33 francs.

P. 493. $27 \times 2 = 54$; $75 - 54 = 21$.
R. Leur gain est de 21 francs.

P. 494. $80 \times 4 \times 1,50 = 480$; $480 - 415 = 65$.
R. Le batelier gagne par jour 65 fr.

P. 495. $25 \times 20 = 500$.
R. Une rame se compose de 500 feuilles.

P. 496. $2.310 : 35 = 66$.
R. Il y a 66 arbres sur chaque ligne.

P. 497. $20.640 : 2 = 10.320$;
$10.320 : 4 = 2.580$;
$10.320 : 6 = 1.720$.
R. Chaque neveu a 2.580 francs, et chaque
cousin a 1.720 francs.

* P. 498. Il faut 12 rouleaux de tapisserie pour couvrir les murs d'un appartement; combien en faudra-t-il pour tapisser 4 appartements dont les murs de chacun présenteraient une surface double ?

** P. 499. Jules avait 1.500 fr. avant d'emprunter 850 fr.; s'il acquitte une dette de 1.860 fr., combien lui restera-t-il d'argent ?

P. 500. Un entrepreneur emploie trois escouades de terrassiers. Il donne 45 fr. par jour à la 1re, 68 fr. à la 2e, et 75 fr. à la 3e; quelle est la dépense journalière ?

P. 501. Un ouvrier travaillant 9 heures par jour a mis 35 jours pour faire un ouvrage; combien d'heures a-t-il travaillé ?

P. 502. Un ouvrier qui travaillait 8 heures par jour a mis 360 heures pour faire un ouvrage ; combien de jours a-t-il travaillé ?

P. 503. Un ouvrier a mis 720 heures pour faire un ouvrage exécuté en 90 jours ; combien travaillait-il d'heures par jour ?

P. 504. Douze ouvriers ont fait un ouvrage en 15 jours; combien un ouvrier aurait-il mis de jours?

* P. 505. Un enfant est né le 1er mai 1846; on demande combien il se sera écoulé de minutes depuis sa naissance jusqu'au 1er mai 1847 ?

P. 506. Un rentier a 34.675 fr. de revenu ; quelle peut être sa dépense journalière ?

P. 507. Combien y a-t-il d'heures dans 540 minutes ?

P. 508. Combien 720 secondes font-elles de minutes ?

* P. 509. Un ouvrier gagne 730 fr. par an, et ne dépense que 1 fr. 25 c. par jour; quelle somme possède-t-il à la fin de l'année ?

* P. 510. Pendant qu'une grande roue fait un tour, une petite en fait 20. Si la petite en fait 3.200, combien en fait la grande ?

* P. 511. Pendant qu'une grande roue fait un tour, une petite roue en fait 20 ; combien la petite roue aura-t-elle fait de tours quand la grande en aura fait 120 ?

* P. 512. Un banquier avait dans sa caisse 147.260 fr., combien lui reste-t-il après avoir fait deux paiements, l'un de 56.500 fr., et l'autre de 23.800 fr. ?

* P. 513. Une diligence des environs de Paris fait trois voyages par jour; si chaque voyage est complet à 18 personnes, qui paient chacune 3 fr., quelle est la recette de l'administration ?

P. 498. $12 \times 2 \times 4 = 96$.
           R. Il faudra 96 rouleaux.

P. 499. $1.500 + 850 = 2.350$;
              $2.350 - 1.860 = 490$.
           R. Il restera à Jules 490 francs.

P. 500. $45 + 68 + 75 = 188$.
           R. La dépense journalière est de 188 francs.

P. 501. $35 \times 9 = 315$.
           R. L'ouvrier a travaillé pendant 315 heures.

P. 502. $360 : 8 = 45$.
           R. L'ouvrier a travaillé 45 jours.

P. 503. $720 : 90 = 8$.
           R. L'ouvrier travaillait 8 heures par jour.

P. 504. $15 \times 12 = 180$.
           R. Un ouvrier ferait l'ouvrage en 180 jours.

P. 505. $365 \times 24 \times 60 = 525.600$.
           R. Il se sera écoulé 525.600 minutes.

P. 506. $34.675 : 365 = 95$.
           R. La dépense journalière peut être de 95 fr.

P. 507. $540 : 60 = 9$.
           R. Il y a 9 heures.

P. 508. $720 : 60 = 12$.
           R. Il y a 12 minutes.

P. 509. $1,25 \times 365 = 456,25$;
              $730 - 456,25 = 273,75$.
           R. L'ouvrier possède 273 fr. 75.

P. 510. $3.200 : 20 = 160$.
           R. La grande roue fait 160 tours.

P. 511. $120 \times 20 = 2.400$.
           R. La petite roue aura fait 2.400 tours.

P. 512. $56.500 + 23.800 = 80.300$;
              $147.260 - 80.300 = 66.960$.
           R. Il restera au banquier, en caisse, 66.960 fr.

P. 513. $18 \times 3 \times 3 = 162$.
           R. La recette est de 162 francs.

* P. 514. Un marchand qui devait 1.500 fr. a donné en paiement 75 mètres de drap à 17 fr. 50 c. le mètre : que doit-il encore?

* P. 515. Un négociant a acheté 10 balles de laine pesant chacune 169 kilogr.; que doit-il payer à raison de 2 fr. 75 c. le kilogramme?

* P. 516. Louis IX a régné de 1226 à 1270, et Louis XII de 1498 à 1515; combien Louis IX a-t-il régné de plus que Louis XII?

* P. 517. Ludovic est sorti de chez lui avec 6 fr. 50 c., combien doit-il rapporter d'argent à sa mère après avoir acheté pour 2 fr. de sucre, 1 fr. 25 c. de chocolat, 0 fr. 90 c. d'huile, et 0 fr. 40 c. de poivre?

* P. 518. Un épicier reçoit 6 caisses qui contiennent ensemble 750 kilogr. de fromage, et qu'il paie 1.500 fr.; dites ce que coûte le kilog. de fromage.

* P. 519. Un tailleur achète dans un magasin de la soie pour 1 fr. 50 c., du fil pour 1 fr. 25 c., des aiguilles pour 0 fr. 40 c., et du coton pour 0 fr. 30 c.; sa facture payée, il lui reste 2 fr. 75 c.; combien avait-il d'argent?

P. 520. Un enfant n'a vécu que 170 jours; combien a-t-il vécu d'heures?

P. 521. Une batterie d'artillerie tire 135 coups par heure; combien tire-t-elle de coups en 16 heures?

P. 522. Jeanne d'Arc, née à Domremi (Vosges), en 1412 fut brûlée à Rouen en 1431; à quel âge mourut-elle?

P. 523. On a vendu à la halle de Paris pour 6.086.376 fr. de marée dans une année; à combien s'est montée la vente moyenne par mois?

** P. 524. Dans une avenue il y a 36 arbres séparés l'un de l'autre de 15 mètres; si l'on y ajoutait 5 arbres, quel serait l'intervalle qui séparerait le 1er arbre du dernier?

* P. 525. Huit écoliers ont chacun 6 pensums à copier; les pensums étant de 5 lignes chacun, dites combien ils ont de lignes ensemble.

* P. 526. Si l'on échangeait 38 pièces de 20 fr. contre des pièces de 5 fr., combien aurait-on de ces dernières?

* P. 527. Combien paiera-t-on pour faire peindre 58 croisées et 13 portes, si le peintre demande 4 fr. 50 c par croisée, et 12 fr. par porte?

** P. 528. Bertrand a fait 2 fois le jour le trajet de son village à la ville, et cela pendant 3 ans; sachant que le village est à 5.800 mètres de la ville, dites combien il a parcouru de mètres.

P. 514. $17,50 \times 75 = 1.312,50$;
  $1.500 - 1.312,50 = 187,50$.
  R. Le marchand doit encore 187 fr. 50 c.

P. 515. $169 \times 10 \times 2,75 = 4.647,50$.
  R. Le négociant doit payer 4.647 fr. 50 c.

P. 516. $1.270 - 1.226 = 44$;
  $1.515 - 1.498 = 17$;
  $44 - 17 = 27$.
  R. Louis IX a régné 27 ans de plus que Louis XII.

P. 517. $2 + 1,25 + 0,90 + 0,40 = 4,55$;
  $6,50 - 4,55 = 1,95$.
  R. Ludovic doit rapporter 1 fr. 95 c. à sa mère.

P. 518. $1.500 : 750 = 2$.
  R. Le kilogramme de fromage coûte 2 francs.

P. 519. $1,50 + 1,25 + 0,40 + 0,30 + 2,75 = 6,20$.
  R. Le tailleur avait 6 fr. 20 c.

P. 520. $170 \times 24 = 4.080$.
  R. L'enfant a vécu 4.080 heures.

P. 521. $135 \times 16 = 2.160$.
  R. La batterie tire 2.160 coups.

R. 522. $1.431 - 1.412 = 19$.
  R. Jeanne d'Arc mourut à l'âge de 19 ans.

P. 523. $6.086.376 : 12 = 507.198$.
  R. La vente, par mois, a été de 507.198 francs.

P. 524. $36 + 5 = 41$ arbres , qui comprennent 40 in-
  tervalles ;
  $15 \times 40 = 600$.
  R. L'intervalle du premier arbre au dernier est
  de 600 mètres.

P. 525. $5 \times 6 \times 8 = 240$.
  R. Les écoliers ont ensemble 240 lignes à copier.

P. 526. $19 \times 40 = 760$; $760 : 5 = 152$.
  R. On aurait 152 pièces de cinq francs.

P. 527. $(4,50 \times 58) + (12 \times 13) = 417$.
  R. On paiera au peintre 417 francs.

P. 528. $5.800 \times 365 \times 2 \times 3 = 12.702.000$.
  R. Bertrand a parcouru 12.702.000 mètres.

* P. 529. Pour aller travailler, un ouvrier fait 1.200 mètres en allant, et autant en revenant, et il y a déjà 980 jours qu'il fait ce trajet; combien a-t-il parcouru de mètres?

** P. 530. Combien y a-t-il de secondes dans 15 heures 6 minutes?

* P. 531. Quinze ouvriers travaillant 8 heures par jour ont mis 15 jours pour faire un ouvrage; combien les ouvriers tous ensemble ont-ils employé d'heures de travail?

* P. 532. Un ouvrier qui gagne 72 fr. par mois peut chaque mois mettre 30 fr. de côté; quelle somme aura-t-il au bout de trois années de travail?

** P. 533. Vingt-cinq ouvriers ont travaillé 60 jours, à 4 fr. par jour pour 12 d'entre eux, et de 3 fr. 25 pour les autres; quelle somme a-t-il fallu pour les payer?

** P. 534. Un facteur a 60 lettres non affranchies à distribuer, parmi lesquelles il en a 23 à 0,15 c., et le reste à 0 fr. 30 c.; combien doit-il remettre à l'administration?

* P. 535. Un écrivain a copié un manuscrit à raison de 0 fr. 25 c. par page; sachant qu'il a reçu 125 fr., dites combien ce manuscrit a de pages.

P. 536. Il y a dans un enclos 1.260 pommiers distribués en 45 rangées; combien une rangée en a-t-elle?

P. 537. Un cabriolet parcourt 250 mètres par minute; combien emploiera-t-il de minutes pour parcourir une distance de 7.500 mètres?

* P. 538. Un laboureur trace un sillon en 5 minutes; combien d'heures mettra-t-il pour en tracer 1.860?

* P. 539. Un négociant avait dans sa caisse 12.000 fr.; il y a mis depuis 3 fois la somme de 580 fr., et 5 fois celle de 805 fr.; combien y a-t-il d'argent?

* P. 540. Que coûtent 128 fagots à 0 fr. 35 c. l'un?

P. 541. Quel est le dividende d'une division dont le diviseur est 504 et le quotient 78?

* P. 542. Quel est le diviseur d'une division dont le dividende est 1.081 et le quotient 23?

P. 543. Combien y a-t-il de pavés dans une rue de 13.675 mètres carrés de surface, si l'on compte 25 pavés par mètre carré.

P. 544. En quelle année ont eu 21 ans les individus qui naquirent en 1805?

P. 545. On a acheté 850 mètres de drap pour 10.625 fr.; à combien revient le mètre?

P. 529. $1.200 \times 2 \times 980 = 2.352.000.$
R. L'ouvrier a parcouru 2.352.000 mètres.

P. 530. $15 \times 60 = 900 ; 900 + 6 = 906 ;$
$906 \times 60 = 54.360.$
R. Il y a 54.360 secondes.

P. 531. $8 \times 15 \times 15 = 1.800.$
R. Les ouvriers ont employé 1.800 heures.

P. 532. $30 \times 12 \times 3 = 1.080.$
R. L'ouvrier, au bout de 3 ans, aura 1.080 fr.

P. 533. $25 - 12 = 13 ;$
$(4 \times 12 \times 60) + (3,25 \times 13 \times 60) = 5.415.$
R. Il a fallu, pour payer les ouvriers, 5.415 fr.

P. 534. $60 - 23 = 37 ;$
$(0,15 \times 23) + (0,30 \times 37) = 14,55.$
R. Le facteur doit remettre 14 fr. 55 c.

P. 535. $125 : 0,25 = 500.$
R. Le manuscrit a 500 pages.

P. 536. $1.260 : 45 = 28.$
R. Une rangée a 28 pommiers.

P. 537. $7.500 : 250 = 30.$
R. La voiture mettra 30 minutes.

P. 538. $1.860 \times 5 = 9300 ; 9300 : 60 = 155.$
R. Le laboureur mettra 155 heures.

P. 539. $(580 \times 3) + (805 \times 5) = 5.765 ;$
$12.000 + 5.765 = 17.765.$
R. Le négociant a en caisse 17.765 francs.

P. 540. $0,35 \times 128 = 44,80.$
R. Les fagots coûtent 44 fr. 80 c.

P. 541. $504 \times 78 = 39.312.$
R. Le dividende de la division est 39.312.

P. 542. $1.081 : 23 = 47.$
R. Le diviseur de la division est 47.

P. 543. $13.675 \times 25 = 341.875.$
R. Il y a dans cette rue 341.875 pavés.

P. 544. $1.805 + 21 = 1.826.$
R. Ces individus ont eu 21 ans en 1826.

P. 545. $10.625 : 850 = 12,50.$
R. Le mètre revient à 12 fr. 50 c.

* **P. 546.** Que doit recevoir pour 18 jours de 11 heures de travail l'ouvrier qui gagne 25 centimes par heure?

P. 547. Quelle somme recevra un copiste pour copier 250 pages à 0 fr. 10 c. par page?

** **P. 548.** Un marchand gagne 0 fr. 01 c. par crayon; combien en a-t-il vendu, sachant qu'il a retiré 13 fr. 80 c. de ce qui lui avait coûté 11 fr. 04 c.?

P. 549. Combien y a-t-il de choux dans un champ qui contient 35 rangées de 18 choux?

P. 550. La distance de la terre au soleil étant de 153.000.000 de kilom., dites combien de fois il faudrait faire le tour de la France, qui est de 4.500 kilom., pour parcourir une distance équivalente?

P. 551. Combien de fois devrait-on faire le tour de la France, qui est de 4.500 kilom., pour faire une longueur égale à celle du tour du globe, qui est de 40.500 kilom.?

** **P. 552.** Quatre personnes se partagent une somme; elles ont : la 1re 1.200 fr., la 2e 150 fr. de plus, la 3e la moitié de ce qu'ont eu les deux premières, et la 4e 225 fr. de moins que la 3e; quelle était la somme à partager?

P. 553. Un peintre d'enseignes a fait 1.355 lettres; combien recevra-t-il s'il demande 0 fr. 02 c. par lettre?

P. 554. Une pièce de vin de 260 litres coûte 150 fr. 80 c.; à combien revient le litre?

* **P. 555.** Si un kilogr. de sucre coûte 1 fr. 60 c., que coûtent 15 pains de sucre pesant chacun 10 kilog.?

** **P. 556.** La douzaine d'oranges coûte 3 fr.; que coûtent 35 oranges?

P. 557. Quel est le prix de 75 fagots à 0 fr. 45 c. l'un?

P. 558. Que coûte un fagot quand 17 reviennent à 4 fr. 25 centimes?

* **P. 559.** Un crayon fin coûte 0 fr. 15 c.; que coûtent 17 douzaines de ces crayons?

** **P. 560.** Une douzaine de crayons coûtent 0 fr. 45 c.; que gagne la personne qui revend 108 de ces crayons à raison de 0 fr. 05 c. la pièce?

* **P. 561.** Cent volumes coûtent 75 fr.; combien faut-il vendre le volume pour gagner 10 fr. sur le tout?

P. 562. Trente-quatre rames de papier coûtent 255 fr.; dites ce que coûte la rame.

* **P. 563.** Un omnibus fait 16 voyages dans un jour; dites quelle somme le conducteur doit remettre à l'administration s'il a eu une moyenne de 24 voyageurs payant chacun 30 centimes?

P. 546. $0,25 \times 11 \times 18 = 49,50$.
R. Cet ouvrier doit recevoir 49 fr. 50 c.

P. 547. $0,10 \times 250 = 25$.
R. Le copiste recevra 25 francs.

P. 548. $13,80 - 11,04 = 2,76$; $2,76 : 0,01 = 276$.
R. Le marchand a vendu 276 crayons.

P. 549. $18 \times 35 = 630$.
R. Il y a dans ce champ 630 choux.

P. 550. $153.000.000 : 4.500 = 34.000$.
R. 34.000 fois le tour de la France.

P. 551. $40.500 : 4.500 = 9$.
R. Il faudrait faire le tour de la France 9 fois.

P. 552. La 2ᵉ personne a $1.200 + 150 = 1.350$;
La 3ᵉ personne a $(1.200 : 2)+(1.350 : 2)=1.275$;
La 4ᵉ a $1.275 - 225 = 1.050$;
$1.200 + 1.350 + 1.275 + 1.050 = 4.875$.
R. La somme à partager était de 4.875 francs.

P. 553. $1.353 \times 0,02 = 27,06$.
R. Le peintre recevra 27 fr. 06.

P. 554. $150,80 : 260 = 0,58$.
R. Le litre de vin revient à 0 fr. 58 c.

P. 555. $1,60 \times 10 \times 15 = 240$.
R. On doit payer 240 francs.

P. 556. $3 : 12 = 0,25$; $0,25 \times 35 = 8,75$.
R. Les oranges coûtent 8 fr. 75 c.

P. 557. $0,45 \times 75 = 33,75$.
R. Les fagots coûtent 33 fr. 75 c.

P. 558. $4,25 : 17 = 0,25$.
R. Le fagot coûte 0 fr. 25 c.

P. 559. $0,15 \times 12 \times 17 = 30,60$.
R. Les crayons coûtent 30 fr. 60 c.

P. 560. $0,45 : 12 = 0$ fr. 0375 prix d'un crayon ;
$0,05 - 0,0375 = 0$ fr. 0125 gain d'un crayon ;
$0,0125 \times 108 = 1,35$.
R. La personne gagne 1 fr. 35 c.

P. 561. $75 + 10 = 85$; $85 : 100 = 0,85$.
R. Il faut revendre le volume 0 fr. 85 c.

P. 562. $255 : 34 = 7,50$.
R. La rame de papier coûte 7 fr. 50 c.

P. 563. $0,30 \times 24 \times 16 = 115,20$.
R. Le conducteur doit remettre 115 fr. 20 c.

P. 564. Combien de fois la population de Paris, qui était en 1850 de 1.100.000 habitants, égalait-elle celle de Sceaux, qui était de 2.000 habitants?

P. 565. Combien y a-t-il de choux dans un champ qui a 48 rangées de 15 choux chacune?

P. 566. Combien y a-t-il de verres de vin dans une pièce de 260 litres, si le litre donne 8 verres?

P. 567. Sous Philippe le Bel, la population de Paris était de 125.000 habitants; en 1850, elle était de 1.100.000 habitants; de combien était-elle augmentée?

P. 568. La population du département de la Seine est de 1.422.000 habitants; de combien dépasse-t-elle celle des Hautes-Alpes, qui n'est que de 132.000 habitants?

P. 569. Un ouvrier fait 3 mètres d'ouvrage par jour; combien de jours emploiera-t-il pour faire 132 mètres?

P. 570. En partageant une somme entre trois personnes, chacune a eu 685 fr.; quelle était cette somme?

* P. 571. Godescard met 65 fr. de côté par mois; quelle sera son économie au bout de 5 trimestres?

* P. 572. Trois tonneaux contiennent ensemble 688 litres; le premier en contient 220; le deuxième 250; quelle est la contenance du troisième?

P. 573. Simon n'économise que 9 fr. 25 c. par mois; dites en combien de temps il économisera 55 fr. 50 c.

* P. 574. Félix économise 2 pièces de 5 fr. par mois, dites en francs son économie au bout de 2 ans 4 mois.

P. 575. Que coûtent 192 objets à 0 fr. 29 c. pièce?

P. 576. Florimond a dépensé 670 fr. 50 c. en 9 mois; quelle a été sa dépense par mois?

P. 577. Un troupeau compte 25 vaches, 18 chèvres et 40 brebis; dites le nombre des pièces de bétail de ce troupeau.

P. 578. Quinze personnes se partagent un héritage de 14.130 fr. 75 c.; quelle est la part de chacune?

* P. 579. Un coquetier a vendu 10 douzaines d'œufs pour 6 fr., un dindon pour 5 fr., 4 poulets pour 7 fr., et du beurre pour 8 fr.; quelle est sa recette?

* P. 580. Sur une pièce de drap de 56 mètres on prend une 1re fois 12 mètres, une 2e 27 mètres; que reste-t-il de la pièce?

* P. 581. J'ai payé 300 fr. pour 600 canifs; combien faut-il revendre le canif pour gagner 5 c. sur chacun?

P. 582. On revend 474 fr. 75 c. une marchandise qui avait coûté 495 fr.; combien perd-on?

P. 564. $1.100.000 : 2.000 = 550.$
R. La population de Paris égalait 550 fois celle de Sceaux.

P. 565. $48 \times 15 = 720.$
R. Dans le champ, il y a 720 choux.

P. 566. $260 \times 8 = 2.080.$
R. La pièce de vin contient 2.080 verres.

P. 567. $1.100.000 — 125.000 = 975.000.$
R. La population était augmentée de 975.000 h.

P. 568. $1.422.000 — 132.000 = 1.290.000.$
R. Elle dépasse de 1.290.000 habitants.

P. 569. $132 : 3 = 44.$
R. L'ouvrier emploiera 44 jours.

P. 570. $685 \times 3 = 2.055.$
R. Cette somme était 2.055 francs.

P. 571. $65 \times 3 \times 5 = 975.$
R. L'économie de Godescard sera de 975 fr.

P. 572. $220 + 250 = 470 ; 688 — 470 = 218.$
R. Le troisième tonneau contient 218 litres.

P. 573. $55,50 : 9,25 = 6.$
R. Simon fera ses économies en 6 mois.

P. 574. $12 \times 2 = 24 ; 24 + 4 = 28 ; 5 \times 2 \times 28 = 280.$
R. L'économie de Félix est de 280 francs.

P. 575. $0,29 \times 192 = 55,68.$
R. On doit 55 fr. 68 c.

P. 576. $670,50 : 9 = 74,50.$
R. Florimond a dépensé par mois 74 fr. 50 c.

P. 577. $25 + 18 + 40 = 83.$
R. Le nombre des pièces de bétail est de 83.

P. 578. $14.130,75 : 15 = 942,05.$
R. La part de chaque personne est de 942 francs 05 centimes.

P. 579. $6 + 5 + 7 + 8 = 26.$
R. La recette du coquetier est de 26 francs.

P. 580. $12 + 27 = 39 ; 56 — 39 = 17.$
R. Il reste de la pièce 17 mètres.

P. 581. $300 : 600 = 0,50 ; 0,50 + 0,05 = 0,55.$
R. Il faut revendre le canif 0 fr. 55 c.

P. 582. $495 — 474,75 = 20,25.$
R. On perd 20 fr. 25 c.

* P. 583. Arthur, qui possède 424 fr. 40 c., dépense le quart de cette somme; dites le montant de sa dépense.

* P. 584. Sylvestre possède 364 fr.; s'il dépense le quart de cette somme le 31 décembre, que lui restera-t-il pour le 1er janvier?

P. 585. Que coûtent 19 mètres 75 centimètres de drap, lorsque le prix du mètre est de 13 francs?

* P. 586. Cyrille a dans sa bourse 250 fr.; que lui restera-t-il s'il en dépense le cinquième?

P. 587. Un ouvrier fait 1.472 mètres en 64 jours; combien en fait-il par jour?

P. 588. Lorsque le sac de farine coûte 56 fr., combien en aura-t-on pour 12.768 francs?

* P. 589. Un marchand a reçu pour 4.750 fr. 50 c. de marchandises; il a donné en paiement 2.457 fr. en argent, et il a fait un billet pour le reste; dites le montant de ce billet.

P. 590. Un ouvrier fait par jour 15 mètres d'ouvrage; quel est son travail au bout de 18 jours?

P. 591. Que coûtent 98 brebis à 18 fr. 50 c. la brebis?

P. 592. Une pendule est achetée 145 fr.; si l'on donne en à-compte 85 fr. 75 c., dites ce qu'il reste à payer.

P. 593. Dites le prix du mètre d'une certaine étoffe dont 56 mètres ont été vendus 672 francs.

P. 594. Dans combien de jours de travail un ouvrier aura-t-il gagné 266 fr. 50 s'il gagne 3 fr. 25 par jour?

* P. 595. Un débitant achète en fabrique 18 chapeaux à 147 fr. la douzaine; combien doit-il?

* P. 596. Un boucher revend 1 fr. 40 c. le kilogr. de viande qui lui coûte 0 fr. 85 c.; quel bénéfice fait-il sur la vente de 58 kilogrammes?

* P. 597. Après avoir acheté 30 chapeaux en fabrique à raison de 12 fr. 25 c. le chapeau, dites ce que gagnera le débitant qui les revend 14 francs.

** P. 598. Un contre-maître emploie 16 ouvriers à raison de 4 fr. 25 c. pour 9 d'entre eux, et de 3 fr. 50 c. pour les autres; quelle somme lui faut-il pour leur payer 25 journées de travail?

P. 599. Un contre-maître emploie 23 ouvriers à raison de 3 fr. 75 c. par jour pour chacun; quelle somme devra-t-il à chacun au bout de 25 jours?

* P. 600. Combien compte-t-on de minutes dans une journée?

P. 583. $424,40 : 4 = 106,10.$
R. Le montant de la dépense est de 106 fr. 10 c.

P. 584. $364 : 4 = 91,364 — 91 = 273.$
R. Il restera à Sylvestre 273 francs.

P. 585. $19,75 \times 13 = 256,75.$
R. Les 19 mètres 75 coûtent 256 fr. 75 c.

P. 586. $250 : 5 = 50 ; 250 — 50 = 200.$
R. Il reste à Cyrille 200 francs.

P. 587. $1.472 : 64 = 23.$
R. L'ouvrier fait 23 mètres par jour.

P. 588. $12.768 : 56 = 228.$
R. On aura 228 sacs de farine.

P. 589. $4.750,50 — 2.457 = 2.293,50.$
R. Le montant du billet est de 2.293 fr. 50 c.

P. 590. $18 \times 15 = 270.$
R. Son travail est de 270 mètres.

P. 591. $18,50 \times 98 = 1.813.$
R. Les brebis coûtent 1.813 francs.

P. 592. $145 — 85,75 = 59,25.$
R. Il reste à payer 59 fr. 25 c.

P. 593. $672 : 56 = 12.$
R. Le prix du mètre est de 12 francs.

P. 594. $266,50 : 3,25 = 82.$
R. L'ouvrier aura cette somme dans 82 jours.

P. 595. $147 : 12 = 12$ fr. 25 c. prix d'un chapeau ;
$12,25 \times 18 = 220,50.$
R. Le débitant doit 220 fr. 50 c.

P. 596. $1,40 — 0,85 = 0$ fr. 55, gain sur un kilog. ;
$0,55 \times 58 = 31,90.$
R. Le boucher fait un bénéfice de 31 fr. 90 c.

P. 597. $14 — 12,25 = 1,75 ; 1,75 \times 30 = 52,50.$
R. Le débitant gagnera 52 fr. 50 c.

P. 598. $16 — 9 = 7 ;$
$(4,25 \times 9 \times 25) + (3,50 \times 7 \times 25) = 1.568,75.$
R. Il faut une somme de 1.568 fr. 75 c.

P. 599. $3,75 \times 25 = 93,75.$
R. Il devra à chaque ouvrier 93 fr. 75 c.

P. 600. $24 \times 60 = 1.440.$
R. On compte, dans un jour, 1.440 minutes.

P. 601. Combien aura-t-on de mètres de marchandise pour 2.214 fr., à raison de 9 fr. le mètre?

P. 602. Que faut-il payer pour 418 objets à 6 fr. 75 c. la pièce?

P. 603. Quel est le nombre d'arbres d'une pépinière, sachant qu'on y compte 752 cerisiers, 204 poiriers, 175 pêchers, 415 pommiers, 719 abricotiers et 879 pruniers?

P. 604. Une marchandise coûte 8.140 fr.; combien faut-il la revendre pour gagner 542 fr. 75 c.?

* P. 605. Un voyageur met 10 heures pour arriver à sa destination; s'il part à 6 heures du matin, à quelle heure du soir arrivera-t-il?

* P. 606. Combien de minutes dure un voyage qui commence à 5 heures du matin et finit à midi?

* P. 607. Dites en heures la durée d'un voyage qui commence à 5 heures du matin et finit à 4 heures du soir.

** P. 608. Quelle est en heures la durée d'un voyage qui commence le lundi à 7 heures du matin et se termine le mercredi suivant à 8 heures du soir?

*** P. 609. Un voyage qui doit durer 66 heures commence le lundi à quatre heures du matin; dites le jour et l'heure où il se termine.

*** P. 610. Dites le jour et l'heure où a commencé un voyage de 86 heures, sachant qu'il s'est terminé le samedi à 11 heures du matin.

P. 611. Que faut-il payer pour la reliure de 3 0 catéchismes à raison de 7 centimes l'un?

P. 612. Combien coûte une pièce d'eau-de-vie que l'on échange contre une pièce de vin de 170 fr., sachant que l'on donne en retour 145 fr. 25 c?

P. 613. En revendant un objet 3 fr. 40 c., on gagne 1 fr. 75 c.; combien avait-il coûté?

P. 614. En revendant une maison 86.450 fr., on gagne 4.200 fr.; combien l'avait-on achetée?

P. 615. Une maison coûte 42.500 fr.; combien faut-il la revendre pour gagner 1.750 fr. 50 c.?

* P. 616. Je, devais 5.600 fr. à un marchand; je lui paie 4.350 fr., et il me vend de nouveau pour 2.450 fr.; que lui dois-je?

P. 617. Un père et son fils ont ensemble 47 ans, le fils a 11 ans; quel est l'âge du père?

P. 601. $2.214 : 9 = 246.$
R. On aura 246 mètres.
P. 602. $6,75 \times 418 = 2.821,50.$
R. Il faut payer 2.821 fr. 50 c.
P. 603. $752 + 204 + 175 + 415 + 719 + 879 = 3.144.$
R. Le nombre des arbres est de 3.144.
P. 604. $8.140 + 542,75 = 8.682,75.$
R. Il faut revendre la marchandise 8.682 fr. 75 c.
P. 605. $10 + 6 = 16 ; 16 - 12 = 4.$
R. Le voyageur arrivera à 4 heures du soir.
P. 606. $12 - 5 = 7 ; 7 \times 60 = 420.$
R. Le voyage dure 420 minutes.
P. 607. $12 - 5 = 7 ; 7 + 4 = 11.$
R. Le voyage dure 11 heures.
P. 608. $24 - 7 = 17$ heures pour le lundi ;
24 heures pour le mardi ;
$12 + 8 = 20$ heures pour le mercredi ;
$17 + 24 + 20 = 61.$
R. Le voyage dure 61 heures.
P. 609. Le lundi prend $24 - 4 = 20$ heures ;
Le mardi prend 24 heures ;
$20 + 24 = 44$ heures ;
$66 - 44 = 22$ heures pour le mercredi ;
$22 - 12 = 10$ heures du soir.
R. Le voyage finit le mercredi à 10 h. du soir.
P. 610. $86 - 11 = 75$ heures avant le samedi ;
$75 : 24 = 3$ jours plus 3 heures : les trois jours
sont vendredi, jeudi, mercredi ; les trois
heures appartiennent au mardi ;
$12 - 3 = 9$ heures le mardi soir.
R. Le voyage a commencé le mardi à 9 h. du s.
P. 611. $390 \times 0,07 = 27,30.$
R. Il faut payer 27 fr. 30 c.
P. 612. $170 + 145,25 = 315,25.$
R. La pièce d'eau-de-vie coûte 315 fr. 25 c.
P. 613. $3,40 - 1,75 = 1,65.$
R. L'objet avait coûté 1 fr. 65 c.
P. 614. $36.450 - 4.200 = 32.250.$
R. On avait acheté la maison 32.250 francs.
P. 615. $42.560 + 1.750,50 = 44.310,50.$
R. Il faut revendre la maison 44.310 fr. 50 c.
P. 616. $5.600 + 2.450 = 8.050 ; 8.050 - 4.350 = 3.700$
R. Je dois au marchand 3.700 francs.
P. 617. $47 - 11 = 36.$
R. Le père a 36 ans.

P. 618. Une bouteille pleine d'eau pèse 1.050 gram.; vide elle pèse 350 grammes; dites le poids de l'eau.

* P. 619. Un ouvrier gagne 4 fr. par jour, et depense 1 fr. 75 c.; qu'a-t-il économisé au bout de 6 jours?

P. 620. Un voyageur a fait 160 kilomètres en 5 jours combien en a-t-il parcouru par jour?

** P. 621. Un ouvrier à qui l'on fait une retenue de 15 fr. reçoit 84 fr. pour le salaire de 18 jours de travail; que gagnait-il par jour?

* P. 622. Une maison a coûté 54.930 fr.; on y a fait pour 4.151 fr. de réparations; combien faut-il la revendre pour gagner 2.456 francs?

* P. 623. Combien y a-t-il de jours en 24 années dont 18 de 365 jours et 6 de 366 jours?

P. 624. Combien faut-il de bouteilles d'un litre pour soutirer 6 pièces de chacune 345 litres?

* P. 625. Combien y a-t-il de pommes dans 6 paniers qui en contiennent chacun 10 douzaines?

P. 626. Quelqu'un possède 1.748 fr. et achèt. une terre pour 1.240 fr.; combien lui reste-t-il d'argent?

** P. 627. Que doit-on payer pour 4 voitures de chacune 3.400 briques à raison de 75 fr. le mille?

P. 628. Combien y a-t-il de pièces de 20 fr. dans une somme en or de 4.040 francs?

** P. 629. Un maquignon achète des chevaux pour 8.180 fr.; en les revendant 8.780 fr., il gagne 30 fr. sur chaque cheval; combien a-t-il acheté de chevaux?

** P. 630. Dans une famille, un homme boit 15 litres de vin, sa femme 8 litres, et ses enfants 7 litres chaque mois; dans combien de mois auront-ils bu un tonneau de 360 litres?

* P. 631. Que coûtent 35 pains de sucre pesant chacun 6 kilog., à raison de 1 fr. 70 c. le kilogramme?

* P. 632. Quels sont les gages d'une servante, sachant qu'elle reçoit 15 fr. 75 c. par mois?

P. 633. Que doit-on à un vitrier qui a placé 310 carreaux à raison de 0 fr. 65 c. chacun?

* P. 634. Quel est le prix d'une plume, lorsque 50.000 coûtent 1.500 francs?

* P. 635. Quel est le prix d'une orange, lorsque 450 coûtent 14 fr. 40 centimes?

* P. 636. Quel est le prix de 7 sacs de lentilles contenant chacun 45 litres à raison de 0 fr. 35 c. le litre?

P. 618. $1.050 - 350 = 700.$
R. L'eau de la bouteille pèse 700 grammes.

P. 619. $4 - 1,75 = 2,25 ; 2,25 \times 6 = 13,50.$
R. L'ouvrier a économisé 13 fr. 50 c.

P. 620. $160 : 5 = 32.$
R. Le voyageur a parcouru par jour 32 kilom.

P. 621. $15 + 84 = 99 ; 99 : 18 = 5,50.$
R. L'ouvrier gagnait par jour 5 fr. 50 c.

P. 622. $54.930 + 4.151 + 2.456 = 61.537.$
R. Il faut revendre la maison 61.537 francs.

P. 623. $(365 \times 18) + (366 \times 6) = 8.766.$
R. Dans 24 années il y a 8.766 jours.

P. 624. $345 \times 6 = 2.070.$
R. Il faut 2.070 bouteilles.

P. 625. $12 \times 10 \times 6 = 720.$
R. Dans ces six paniers il y a 720 pommes.

P. 626. $1.748 - 1.240 = 508.$
R. Il lui reste 508 francs.

P. 627. $(3.400 \times 4) : 1.000 = 13,6 ; 13,6 \times 75 = 1.020.$
R. On doit payer 1.020 francs.

P. 628. $4.040 : 20 = 202.$
R. Il y a 202 pièces de vingt francs.

P. 629. $8.780 - 8.180 = 600 ; 600 : 30 = 20.$
R. Le maquignon a acheté 20 chevaux.

P. 630. $15 + 8 + 7 = 30 ; 360 : 30 = 12.$
R. Dans 12 mois ou 1 an.

P. 631. $1,70 \times 6 \times 35 = 357.$
R. Les pains de sucre coûtent 357 francs.

P. 632. $15,75 \times 12 = 189.$
R. Les gages de la servante sont de 189 francs.

P. 633. $0,65 \times 310 = 201,50.$
R. On doit au vitrier 201 fr. 50 c.

P. 634. $1.500 : 50.000 = 0,03.$
R. Une plume coûte 0 fr. 03 c.

P. 635. $14,40 : 450 = 0,032.$
R. Une orange coûte 0 fr. 032 c.

P. 636. $0,35 \times 45 \times 7 = 110,25.$
R. Les sacs de lentilles coûtent 110 fr. 25 c.

P. 637. Un ouvrier a reçu 60 fr. pour 8 jours de 12 heures de travail; que gagne-t-il par heure?

** P. 638. Dans une famille, le père gagne 113 fr. par mois; la mère 5 fr. 40 c. par semaine, et les enfants 875 fr. par an; dites la recette de l'année.

** P. 639. Un enfant étant tombé malade, le médecin vint le voir 15 fois. Les 7 premières visites ont coûté 10 fr. 50 c.; dites le prix de chacune des autres visites, sachant que le médecin reçut en tout 18 fr. 50 c.

P. 640. Un charretier reçoit chaque mois 3 fr. 65 c. de pourboire; dites ce qu'il reçoit par an.

* P. 641. Léon a reçu 15 f. 75 c., et il a déjà dépensé 7 fr. 90 c.; si sa mère lui rend 3 fr. 25 c., combien aura-t-il?

** P. 642. Si j'avais 25 pièces de 5 fr., 45 pièces de 2 fr., et 60 pièces de 0 fr. 50 c., je paierais ma dette, et il me resterait encore 7 fr. 50 c.; quelle est cette dette?

* P. 643. Un menuisier achète 65 planches de 6 mètres de longueur; si le mètre coûte 1 fr. 15 c., que doit-il?

* P. 644. Un facteur a dans sa boîte 75 lettres, dont 17 à 0 fr. 15 c., et 24 à 0 fr. 30 c.; les autres étant affranchies, dites quelle somme il recevra.

* P. 645. Je viens de recevoir 16 stères de bois à 19 fr. 50 c. le stère; si je donne 0 fr. 75 c. de pourboire aux charretiers, dites ce que j'aurai dépensé en tout.

* P. 646. Un boulanger fournit 15 kilog. de pain à 0 fr. 40 c., 22 kilog. à 0 fr. 32 c., et 4 gâteaux pour 3 fr. 80 c.; que lui doit-on?

** P. 647. Un marchand a vendu 32.000 noix pendant sa semaine, à raison de 16 noix pour 0 fr. 5 c., dites à combien s'élève sa recette.

* P. 648. Sachant qu'un fruitier donne 15 noix pour 0 f. 05 c., dites combien il en a vendu, sachant que sa recette s'élève à 19 fr. 55 c.

* P. 649. Dites ce que reçoit par an un propriétaire de 15 locataires si chacun lui donne 84 fr. par trimestre?

P. 650. On doit employer 40.500 ardoises pour couvrir un toit; quelle somme devra-t-on payer si elles coûtent chacune 0 fr. 18 c.?

** P. 651. Un commis a vendu 4.910 litres de vin; quel est son bénéfice à raison de 2 fr. 05 c. pour 100 litres?

* P. 652. Que coûtent 4 paniers qui contiennent chacun 245 pommes, à raison de 0 fr. 08 c. la pièce?

* P. 653. Que coûtent 456 pommes à raison de 0 fr. 15 c. la douzaine?

P. 637. $12 \times 8 = 96$; $60 : 96 = 0,625$.
R. L'ouvrier gagne par heure 0 fr. 625 millièm.

P. 638. $(113 \times 12) + (5,4 \times 52) + 875 = 2.511,80$.
R. La recette de l'année est de 2.511 fr. 80 c.

P. 639. $10,5 : 7 = 1,50$; $18,50 - 10,50 = 8$; $8 : 8 = 1$.
R. Les premières visites ont coûté chacune 1 fr. 50 c., et les dernières chacune 1 fr.

P. 640. $3,65 \times 12 = 43,80$.
R. Le charretier reçoit par an 43 fr. 80 c.

P. 641. $15,75 - 7,90 = 7,85$; $7,85 + 3,25 = 11,10$.
R. Léon aura 11 fr. 10 c.

P. 642. $(25 \times 5) + (45 \times 2) + (60 \times 0,50) = 245$; $245 - 7,50 = 237,50$.
R. Ma dette est de 237 fr. 50 c.

P. 643. $1,15 \times 6 \times 65 = 448,50$.
R. Le menuisier doit 448 fr. 50 c.

P. 644. $(0,15 \times 17) + (0,30 \times 24) = 9,75$.
R. Le facteur recevra 9 fr. 75 c.

P. 645. $(19,50 \times 16) + 0,75 = 312,75$.
R. J'aurai dépensé en tout 312 fr. 75 c.

P. 646. $(0,4 \times 15) + (0,32 \times 22) + 3,8 = 16,84$.
R. On doit au boulanger 16 fr. 84 c.

P. 647. $32.000 : 16 = 2.000$; $2.000 \times 0,05 = 100$.
R. La recette du marchand est de 100 fr.

P. 648. $19,55 : 0,05 = 391$; $391 \times 15 = 5.865$.
R. Le marchand a vendu 5.865 noix.

P. 649. $84 \times 4 \times 15 = 5.040$.
R. Le propriétaire reçoit par an 5.040 fr.

P. 650. $0,18 \times 40.500 = 7.290$.
R. On devra payer 7.290 fr.

P. 651. $4.910 : 100 = 49,1$, $49,1 \times 2,05 = 100,625$.
R. Le bénéfice du commis est de 100 fr. 655.

P. 652. $0,08 \times 245 \times 4 = 78,40$.
R. Les quatre paniers coûtent 78 fr. 40 c.

P. 653. $(0,45 \times 456) : 12 = 17,10$.
R. Les pommes coûtent 17 fr. 10 c.

* P. 654. Que coûtent 5 paniers de pommes de chacun 486, à raison de 0 fr. 35 c. la douzaine ?

* P. 655. Que doit-on payer pour 12 sacs de froment pesant chacun 79 kilog., à 0 fr. 24 c. le kilog. ?

* P. 656. Que doit-on payer pour 15 rames de papier à 0 fr. 22 c. la main, sachant que la rame est de 20 mains ?

* P. 657. Quel est le prix d'une main de papier, sachant que la rame, qui contient 20 mains, coûte 5 francs ?

* P. 658. Combien coûtent 45 douzaines de canifs à 0 fr. 85 c. la pièce ?

P. 659. Quel est le prix d'un canif, sachant que le prix d'une grosse, c'est-à-dire de 144, est de 72 fr. ?

* P. 660. Un ouvrier a reçu 108 fr. pour 18 jours de travail de chacun 10 heures ; dites son gain par heure.

** P. 661. On a reçu 6 caisses de marchandise pesant chacune 426 kilog. tout compris ; quel est le poids net de la marchandise des 6 caisses, sachant que chaque caisse pèse 35 kilogrammes ?

P. 662. Un tonneau vide pèse 27 kilog. ; quel est le poids du vin qui le remplit, sachant que le tonneau pèse alors 194 kilogrammes ?

* P. 663. Combien doit-on payer pour 4 caisses de chacune 246 oranges à 0 fr. 15 c. la pièce ?

* P. 664. Un prodigue dépense 25 fr. par jour ; quelle est sa dépense au bout de deux mois, l'un de 30 jours, et l'autre de 31 ?

P. 665. Un prodigue dépense 45 fr. par jour ; quel temps mettra-t-il à dépenser 93.645 francs ?

*** P. 666. Lorsque 740 œufs coûtent 37 fr., combien en aura-t-on de douzaines pour 11 fr. 40 c. ?

P. 667. Combien aura-t-on de modèles d'écriture pour 7 fr. 50 c., à 0 fr. 02 c. pièce ?

P. 668. Avec une somme de 45 fr., combien aura-t-on de feuilles d'images à 0 fr. 15 c. la feuille ?

P. 669. Avec une somme de 140 fr., combien aura-t-on de volumes du prix de 0 fr. 35 c. ?

P. 670. Un apprenti reçoit par semaine 1 fr. 20 c. ; combien aura-t-il reçu au bout d'une année ou de 52 semaines ?

* P. 671. Pour payer 3 kilog. de viande à 1 fr. 20 c. le kilog., Edmond remet une pièce de 5 fr. ; combien le boucher doit-il lui rendre ?

P. 654. $(0,35 \times 486 \times 5) : 12 = 70,875.$
R. Les cinq paniers coûtent 70 fr. 875.

P. 655. $0,24 \times 79 \times 12 = 227,52.$
R. On doit payer 227 fr. 52 c.

P. 656. $0,22 \times 20 \times 15 = 66.$
R. On doit payer 66 fr.

P. 657. $5 : 20 = 0,25.$
R. La main de papier coûte 0,25 c.

P. 658. $0,85 \times 12 \times 45 = 459.$
R. Les canifs coûtent 459 fr.

P. 659. $72 : 144 = 0,50.$
R. Un canif coûte 0 fr. 50 c.

P. 660. $18 \times 10 = 180 ; 108 : 180 = 0,60.$
R. L'ouvrier gagne par heure 0 fr. 60 c.

P. 661. $426 - 35 = 391 ; 391 \times 6 = 2.346.$
R. Le poids net est de 2.346 kilogrammes.

P. 662. $194 - 27 = 167.$
R. Le vin du tonneau pèse 167 kilogrammes.

P. 663. $0,15 \times 246 \times 4 = 147,60.$
R. On doit payer 147 fr. 60 c.

P. 664. $30 + 31 = 61 ; 25 \times 61 = 1.525.$
R. La dépense du prodigue est de 1.525 fr.

P. 665. $93.645 : 45 = 2.081.$
R. Le prodigue mettra 2.081 jours.

P. 666. $37 : 740 = 0$ fr. 05 prix d'un œuf ;
$11,4 : 0,05 = 228$ œufs ;
$228 : 12 = 19.$
R. On aura 19 douzaines d'œufs.

P. 667. $7,50 : 0,02 = 375.$
R. On aura 375 modèles d'écriture.

P. 668. $45 : 0,15 = 300.$
R. On aura 300 feuilles d'images.

P. 669. $140 : 0,35 = 400.$
R. On aura 400 volumes.

P. 670. $1,20 \times 52 = 62,40.$
R. L'apprenti aura 62 fr. 40 c.

P. 671. $1,20 \times 3 = 3,60 ; 5 - 3,60 = 1,40.$
R. Le boucher doit rendre à Edmond 1 fr. 40 c.

* **P. 672.** Si pour payer 3 pains de 2 kilog. à raison de 0 fr. 38 c. le kilog., on donne au boulanger une pièce de 2 fr. et une autre de 1 fr., dites ce qu'il rendra.

P. 673. Combien reçoit pour 18 jours de travail un ouvrier qui gagne 4 fr. 60 par jour ?

* **P. 674.** La grosse de crayons, qui contient 12 douzaines, coûte 3 fr. 60 c. ; quel est le prix d'un crayon ?

* **P. 675.** Le litre d'eau-de-vie coûte 2 fr. 50 c. ; combien en aura-t-on de litres pour 15 pièces de 5 fr. ?

P. 676. Albert a acheté des billes pour 0 fr. 75 c., et des poires pour 0 fr. 35 c. ; sachant qu'il lui reste encore 0 fr. 30 c., dites ce qu'il avait d'argent.

* **P. 677.** Trois douzaines de biscuits coûtent 1 fr. 80 ; dites ce que coûtent 16 douzaines.

** **P. 678.** J'ai acheté 10 douzaines de chapeaux à 8 fr. 25 cent. la pièce ; je donne en paiement 40 mètres de drap à 15 fr. le mètre ; que dois-je encore ?

* **P. 679.** Un principal locataire paie 4.000 fr. au propriétaire ; quel est son bénéfice annuel si 20 sous-locataires lui donnent chacun 250 fr. ?

** **P. 680.** Lorsqu'on a 3 pommes pour 0 fr. 05 c., combien en a-t-on pour 1 fr. 75 c. ?

** **P. 681.** Un faïencier achète 3.500 assiettes pour 700 fr., et dépense de plus 15 fr. pour le transport et 6 fr. pour la commission ; quel sera son bénéfice total s'il les revend 26 fr. le cent?

P. 682. Une casquette coûte 2 fr. 75 c. ; que coûte la douzaine ?

*** **P. 683.** Trois barriques d'eau-de-vie ont coûté ensemble 675 fr. d'achat, 175 fr. de droits, et 50 fr. de transport et d'encavage ; combien doit-on vendre le litre pour gagner 180 fr. sur le tout, sachant qu'une barrique est de 120 litres ?

** **P. 684.** Quelqu'un achète 15 douzaines de crayons à 0 fr. 45 c. la douzaine ; dites son bénéfice total s'il les revend 0 fr. 05 c. en détail.

* **P. 685.** On achète 8 objets à 0 fr. 65 c. pièce ; dites ce que le marchand doit remettre à l'acheteur, qui présente 3 pièces de 2 fr.

** **P. 686.** On achète 7.092 pommes à raison de 0 fr. 05 c. l'une ; si on revend la douzaine 0 fr. 70 c., que gagnera-t-on sur le tout ?

P. 672. $0,38 \times 2 \times 3 = 2,28$;
$2 + 1 = 3$;
$3 - 2,28 = 0,72$.
R. Le boulanger rendra 0 fr. 72 c.

P. 673. $4,60 \times 18 = 82,80$.
R. L'ouvrier reçoit 82 fr. 80 c.

P. 674. $3,60 : (12 \times 12) = 0,025$.
R. Un crayon coûte 0 fr. 025 m.

P. 675. $15 \times 5 = 75 ; 75 : 2.50 = 30$.
R. On aura 30 litres d'eau-de-vie.

P. 676. $0,75 + 0,35 + 0,30 = 1,40$.
R. Albert avait 1 fr. 40 c.

P. 677. $1,80 : 3 = 0,60 ; 0,60 \times 16 = 9,60$.
R. Les biscuits coûtent 9 fr. 60 c.

P. 678. $(8,25 \times 12 \times 10) - (15 \times 40) = 390$.
R. Je dois encore 390 fr.

P. 679. $250 \times 20 = 5.000 ; 5.000 - 4.000 = 1000$.
R. Le bénéfice annuel est de 1.000 fr.

P. 680. $1,75 : 0,05 = 35 ; 35 \times 3 = 105$.
R. On a 105 pommes.

P. 681. $700 + 15 + 6 = 721 ; 26 \times 35 = 910$;
$910 - 721 = 138$.
R. Le bénéfice total du faïencier sera de 189 fr.

P. 682. $2,75 \times 12 = 33$.
R. La douzaine de casquettes coûte 33 fr.

P. 683. $120 \times 3 = 360$;
$675 + 175 + 50 + 180 = 1.080$;
$1.080 : 360 = 3$.
R. On doit vendre le litre 3 fr.

P. 684. $(0,05 \times 12 \times 15) - (0,15 \times 15) = 2,25$.
R. Le bénéfice total est de 2 fr. 25 c.

P. 685. $(2 \times 3) - (0,65 \times 8) = 0,80$.
R. Le marchand doit remettre 0 fr. 80 c.

P. 686. $(7.092 \times 0,70) : 12 = 413,70$;
$7.092 \times 0,05 = 354,60$;
$413,70 - 354,60 = 59,10$.
R. On gagnera sur le tout 59 fr. 10.

** **P. 687.** Un ouvrier a gagné 300 fr. en 75 j. ; combien aurait-il reçu s'il avait travaillé 10 j. de moins ?

** **P. 688.** Quand on achète 10 chemises d'occasion pour 21 fr., combien doit-on revendre chaque chemise pour gagner 4 fr. 50 c. sur le tout ?

* **P. 689.** Si j'achète 150 volumes à 0,65 c., 90 à 0,55 c., et 225 à 0,35 c., quel sera le montant de la facture ?

* **P. 690.** On a acheté 15 volumes pour 63 fr. ; si on les revend 72 fr., que gagnera-t-on par volume ?

** **P. 691.** Quel est le prix d'une orange, sachant que 486 douzaines coûtent 729 fr. ?

** **P. 692.** Deux ouvriers, en travaillant ensemble pendant 30 jours, ont gagné 150 fr. : l'un d'eux gagne 3 fr. par jour ; combien l'autre gagne-t-il par jour ?

** **P. 693.** Un détaillant achète 8 douzaines de chapeaux à 9 fr. 50 c., et donne en paiement 46 mètres de velours à 10 fr. 75 c. le mètre ; que doit-il encore ?

** **P. 694.** Si j'avais revendu 40 fr. de plus une marchandise qui coûtait 760 fr., j'aurais gagné 75 fr. ; combien l'ai-je revendue ?

P. 695. Un bœuf gras pèse 850 kilog. ; quel serait le poids d'un bœuf qui pèserait 75 kilog. de moins ?

P. 696. Un bœuf pèse 675 kilog. ; quel serait le poids d'un autre bœuf qui pèserait 25 kilog. de plus ?

* **P. 697.** Une personne donne un billet de 375 fr. et un autre de 425 fr. sur une dette de 9.425 fr. ; que doit-elle encore ?

* **P. 698.** Une personne s'acquitte d'une dette de 14.825 fr. en donnant une somme en argent, et deux billets, l'un de 4.345 fr., et l'autre de 7.822 fr. ; quelle est la valeur de la somme en argent ?

P. 699. Un brocanteur achète 41 fr. un meuble qu'il revend ensuite 57 fr. ; quel est son bénéfice ?

P. 700. Un brocanteur achète un meuble 145 fr. 75 ; combien doit-il le revendre pour gagner 27 fr. 45 c. ?

* **P. 701.** Un fournisseur présente un mémoire de 345 fr. ; de combien faut-il le diminuer pour le réduire à 319 fr. ?

P. 702. On a 45 poutres qu'on veut débiter en planches ; combien en aura-t-on si chaque poutre en donne 8 ?

P. 703. Un domestique reçoit par mois 36 fr. ; combien reçoit-il par an ?

* **P. 704.** Un domestique a reçu 75 fr. pour 3 mois de travail ; que reçoit-il par an ?

P. 687. 75 — 10 = 65 journées de travail;
300 : 75 = 4 fr., prix de la journée;
65 × 4 = 260.
R. L'ouvrier n'aurait reçu que 260 fr.

P 688. 21 + 4,50 = 25,50; 25,50 : 10 = 2,55.
R. On doit revendre la chemise 2 fr. 55 c.

P. 689. (150 × 0,65) + (90 × 0,55) + (225 × 0,35.
= 225,75.
R. Le montant de la facture sera de 225 fr. 76 c.

P. 690. 72 — 63 = = 9 ; 9 : 15 = 0,60.
R. On gagnera 0 fr. 60 c. par livre.

P. 691. 729 : (486 × 12) = 0,125.
R. Une orange coûte 0 fr. 125 mill.

P. 692. 30 × 3 = 90 ; 150 — 90 = 60 ; 60 : 30 = 2.
L'autre ouvrier gagne 2 fr. par jour.

P. 693. (9,5 × 12 × 8) — (10,75 × 46) = 417,5.
R. Le détaillant doit encore 417 fr. 50 c.

P. 694. 75 — 40 = 35 fr. que j'ai gagnés ,
760 + 35 = 795 fr.
R. J'ai revendu la marchandise 795 fr.

P. 695. 850 — 75 = 775.
R Ce bœuf pèserait 775 kilogrammes.

P. 696. 675 + 25 = 700.
R. Ce bœuf pèserait 700 kilogrammes.

P. 697. 375 + 425 = 800 ; 9.425 — 800 = 8.625.
R. Cette personne doit encore 8.625 fr.

P. 698. 14.825 - - (4.345 + 7.822) = 2.658.
R. La somme en argent est de 2.658 fr.

P. 699. 57 — 41 = 16.
R. Le brocanteur gagne 16 fr.

P. 700. 145,75 + 27,45 = 173,20.
R. Il doit revendre ce meuble 173 fr. 20 c.

P. 701. 345 — 319 = 26.
R. Il faut diminuer le mémoire de 26 francs.

P. 702. 45 × 8 = 360.
R. On aura 360 planches.

P. 703. 36 × 12 = 432.
R. Le domestique reçoit par an 432 francs.

P. 704. 75 : 3 = 25 ; 25 × 12 = 300.
R. Le domestique reçoit 300 francs par an.

* **P. 705.** Une famille paie pour un trimestre de loyer 45 fr.; quel est le prix du loyer pour année ?

* **P. 706.** Une famille paie annuellement pour son loyer 140 fr.; quelle est la valeur d'un trimestre ?

* **P. 707.** Le loyer annuel d'une famille est de 146 f.; quelle est la dépense pour le loyer d'un jour ?

* **P. 708.** Quel est le loyer annuel d'une famille, sachant qu'il occasionne une dépense journalière de 0 fr. 18 c. ?

** **P. 709.** Les appartements d'une famille se composent de 4 pièces semblables, dont l'une est divisée en 2 cabinets pour deux enfants; si le prix du loyer est de 480 fr., quelle est la dépense pour chacun des enfants ?

P. 710. Pour acquitter une dette j'ai donné d'abord 425 fr., ensuite 329 fr.; quelle est cette dette, sachant que je dois encore 175 fr. ?

P. 711. Combien coûte une pièce d'eau-de-vie, sachant que pour la payer je donne une somme de 159 fr. et une pièce de vin du prix de 140 fr. ?

P. 712. On doit brocher en huit jours 1.632 exemplaires d'un ouvrage; combien en faut-il brocher par jour ?

P. 713. Combien y a-t-il d'élèves dans une école de trois classes, dont la première contient 56 élèves, la deuxième 70, et la troisième 95 ?

P. 714. Une pièce de drap a coûté 75 fr.; combien faut-il la revendre pour gagner 13 fr. ?

* **P. 715.** Quel est le prix d'achat d'une pièce de vin, sachant que, si on la revend 150 fr., on en gagnera 25 ?

P. 716. Combien a-t-on gagné en revendant 159 fr. une pièce de vin qui avait coûté 119 fr. ?

* **P. 717.** Une pièce de drap du prix de 75 fr. a été revendue avec une perte de 9 fr.; quel a été le prix de vente ?

* **P. 718.** A combien se montait un mémoire, sachant qu'après l'avoir diminué de 345 fr. on l'a soldé en payant 2.875 fr. ?

* **P. 719.** D'une pièce de vin de 228 litres on a tiré une première fois 24 litres, et une seconde fois 83 litres; combien en reste-t-il ?

* **P. 720.** Un ouvrier gagne par semaine 32 fr.; s'il dépense 18 fr. pour sa nourriture, 4 fr. pour son logement, et 5 fr. pour son entretien, que lui restera-t-il ?

P. 721. Un tonneau contient 220 litres; quelle est la capacité d'un tonneau qui contient 125 litres de plus ?

P. 705. $45 \times 4 = 180$.
R. Le prix du loyer est de 180 francs par an.

P. 706. $140 : 4 = 35$.
R. La valeur d'un trimestre est de 35 francs.

P. 707. $146 : 365 = 0,40$.
R. Le loyer d'un jour est de 0 fr. 40 c.

P. 708. $0,18 \times 365 = 65,70$.
R. Le loyer annuel est de 65 fr. 70 c.

P. 709. $480 : 4 = 120 ; 120 : 2 = 60$.
R. La dépense d'un enfant est de 60 francs.

P. 710. $425 + 329 + 175 = 929$.
R. Cette dette est de 929 francs.

P. 711. $159 + 140 = 299$.
R. La pièce d'eau-de-vie coûte 299 francs.

P. 712. $1.632 : 8 = 204$.
R. Il faut brocher 204 exemplaires par jour.

P. 713. $56 + 70 + 95 = 221$.
R. Il y a dans cette école 221 élèves.

P. 714. $75 + 13 = 88$.
R. Il faut revendre cette pièce de drap 88 fr.

P. 715. $150 - 25 = 125$.
R. Le prix d'achat est de 125 francs.

P. 716. $159 - 119 = 40$.
R. On a gagné 40 francs.

P. 717. $75 - 9 = 66$.
R. Le prix de vente a été de 66 francs.

P. 718. $2.875 + 345 = 3.220$.
R. Le mémoire se montait à 3.220 francs.

P. 719. $24 + 83 = 107 ; 228 - 107 = 121$.
R. Il reste 121 litres.

P. 720. $18 + 4 + 5 = 27 ; 32 - 27 = 5$.
R. Il restera à cet ouvrier 5 francs.

P. 721. $220 + 125 = 345$.
R. Ce tonneau contient 345 litres.

* P. 722. Pour acquitter une dette de 1.945 fr. on a donné deux billets, l'un de 425 fr., et l'autre de 976 fr.; le surplus a été payé en argent; quelle somme a-t-on donnée en argent ?

* P. 723. Pour 2 fr. 25 c. on a eu un coupon de ruban de 3 mèt. 75; quel est le prix du mètre ?

* P. 724. Un tailleur a payé 211 fr. 20 c. pour 704 douzaines de boutons; à combien revient un bouton ?

P. 725. Quel est le prix d'une pièce de calicot de 84 mèt. 75 c. à 0 fr. 76 c. le mètre ?

* P. 726. Combien coûte le mètre de lacet, lorsque pour 7 centimes on en a 25 centimètres ?

* P. 727. Quel est le prix d'une feuille de papier à 10 fr. la rame, sachant que la rame contient 20 mains, et la main 25 feuilles ?

* P. 728. Combien faut-il de pièces de 0 fr. 20 c. pour payer une somme composée de 10 pièces de 5 fr. ?

* P. 729. Un particulier qui devait 175 fr. a payé 79 fr.; que doit-il encore ?

P. 730. Un particulier devait 195 fr.; combien a-t-il payé, sachant qu'il ne doit plus que 27 fr. ?

P. 731. Une personne possède 345 fr.; combien doit-elle encore gagner pour arriver à 600 fr. ?

P. 732. Que coûte une marchandise, sachant que pour la payer on a donné une pièce de 20 fr., 4 pièces de 10 fr. et une pièce de 5 fr. ?

P. 733. Quelqu'un a vendu des marchandises pour 875 fr., et a gagné 79 fr.; combien les avait-il achetées ?

P. 734. L'hectolitre de charbon pèse 133 kilog.; quelle est la charge d'un bateau portant 2.854 hectolit. de charbon ?

P. 735. On a fourni à un hôpital 435 lits de fer à 21 fr. 75 c. l'un; quel est le montant de la fourniture ?

* P. 736. On a payé pour les lits de fer d'un hôpital une somme de 5.566 fr. 25 c.; quel est le nombre de ces lits, si on les a payés à raison de 18 fr. 25 c. l'un ?

P. 737. On a payé pour 345 lits une somme de 7.158 fr. 75 c.; quel est le prix du lit ?

P. 738. Un marchand de vin a livré à un particulier 1° 475 bouteilles, 2° 319 bouteilles, 3° 779 bouteilles, combien en a-t-il livré en tout ?

P. 739. Un ouvrier aurait reçu 47 fr. pour sa semaine; mais, comme il a perdu du temps, on lui retient 12 fr.; combien doit-il recevoir ?

P. 722. $425 + 976 = 1.401$;
$1.945 - 1.401 = 544$.
R. On a donné en argent 544 francs.

P. 723. $2,25 : 3,75 = 0,60$.
R. Le mètre coûte 0 fr. 60 c.

P. 724. $704 \times 12 = 8.448$;
$211,20 : 8.448 = 0,025$.
R. Un bouton revient à 0 fr. 025 mill.

P. 725. $0,76 \times 34,75 = 26,41$.
R. La pièce de calicot coûte 26 fr. 41 c.

P. 726. $0,07 : 0,25 = 0,28$.
R. Le mètre de lacet coûte 0 fr. 28 c.

P. 727. $20 \times 25 = 500$;
$10 : 500 = 0,02$.
R. La feuille coûte 0 fr. 02.

P. 728. $(10 \times 5) : 0,20 = 250$.
R. Il faut 250 pièces de 0 fr. 20 c.

P. 729. $175 - 79 = 96$.
R. Ce particulier doit encore 96 francs.

P. 730. $195 - 27 = 168$.
R. Ce particulier a payé 168 francs.

P. 731. $600 - 345 = 255$.
R. Cette personne doit encore gagner 255 fr.

P. 732. $40 + 20 + 5 = 65$.
R. Cette marchandise coûte 65 francs.

P. 733. $375 - 79 = 296$.
R. Il avait acheté les marchandises 296 francs.

P. 734. $2.854 \times 133 = 379.582$.
R. La charge du bateau est de 379.582 kilog.

P. 735. $21,75 \times 435 = 9.461,25$.
R. La fourniture est de 9.461 fr. 25 c.

P. 736. $5.566,25 : 18,25 = 305$.
R. Il y a dans l'hôpital 305 lits.

P. 737. $7.158,75 : 345 = 20,75$.
R. Le lit coûte 20 fr. 75 c.

P. 738. $475 + 319 + 779 = 1.573$.
R. Le marchand a livré en tout 1.573 bouteilles.

P. 739. $47 - 12 = 35$.
R. L'ouvrier doit recevoir 35 francs.

P. 740. Un ouvrier aurait reçu 42 fr. pour sa semaine ; mais comme il a perdu du temps, on ne lui a donné que 27 fr. ; quel est le montant de la retenue ?

P. 741. Une personne a dépensé 345 fr., elle en a prêté 42, et il lui en reste encore 117 ; combien avait-elle en tout ?

* P. 742. Jules devait 475 fr., il paie une première fois 75 fr., une seconde fois 247 fr. ; que doit-il encore ?

* P. 743. Une ménagère met chaque jour de côté 0 fr. 20 c. ; quelle somme aura-t-elle au bout de 2 ans ?

** P. 744. Un ouvrier met chaque jour de côté 0 fr. 35 c. ; quelles seront ses économies au bout de 12 ans dont 3 à 366 jours, et les autres à 365 jours ?

* P. 745. Une mère de famille veut économiser 91 fr. 25 c. pendant une année ; combien doit-elle mettre de côté par jour ?

* P. 746. Une famille dépense 1 fr. 85 c. à la promenade tous les dimanches ; à combien se monte cette dépense par an ?

* P. 747. Un écolier reçoit de ses parents 0 fr. 25 c. chaque fois qu'il a la croix ; combien de fois a-t-il eu l croix, sachant qu'il a reçu 2 fr. 75 c. ?

* P. 748. Un écolier met 0 fr. 50 c. chaque dimanche dans sa tirelire, quelle somme a-t-il à la fin de l'année ?

* P. 749. Un écolier a 15 fr. dans sa tirelire ; quel temps mettra-t-il à l'épuiser, s'il y prend 0 fr. 10 c. par jour ?

* P. 750. Un écolier donne 0 fr. 15 c. aux pauvres les dimanches et fêtes ; à combien se montent ses aumônes au bout de 9 années de chacune 60 jours d'aumône ?

* P. 751. Un écolier destine aux pauvres une somme de 13 fr. 20 c., à raison de 0 fr. 20 par dimanche ; combien lui faudra-t-il de dimanches pour son aumône ?

* P. 752. Un écolier verse tous les dimanches 0 fr. 05 c. pour la Propagation de la foi ; dites le montant de son offrande pour 5 années, de chacune 52 dimanches.

* P. 753. Dix écoliers versent chacun tous les dimanches 0 fr. 05 c. pour la Propagation de la foi ; quel est le montant de leurs offrandes au bout de l'année ?

* P. 754. Un jeune homme fume par jour deux cigares de 0 fr. 10 c., un le matin et l'autre le soir ; quelle est sa dépense au bout d'une année de 365 jours ?

** P. 755. Un priseur dépense 0 fr. 07 c. par jour ; quelle est sa dépense au bout de 10 ans, dont deux à 366 jours et les autres à 365 jours ?

P. 740. $42 - 27 = 15.$
R. Le montant de la retenue est de 15 fr.

P. 741. $345 + 42 + 117 = 504.$
R. Cette personne avait en tout 504 francs.

P. 742. $75 + 247 = 322;$
$475 - 322 = 153.$
R. Jules doit encore 153 francs.

P. 743. $0,20 \times 365 \times 2 = 146.$
R. La ménagère aura 146 francs.

P. 744. $(366 \times 3) + (365 \times 9) = 4.383;$
$4.383 \times 0,35 = 1.534,05.$
R. Les économies seront de 1.534 fr. 05 c.

P. 745. $91,25 : 365 = 0,25.$
R. Elle doit mettre de côté 0 fr. 25 c. par jour.

P. 746. $1,85 \times 52 = 96,20.$
R. La dépense par an se monte à 96 fr. 20 c.

P. 747. $2,75 : 0,25 = 11.$
R. L'écolier a eu la croix 11 fois.

P. 748. $0,50 \times 52 = 26.$
R. L'écolier a 26 francs dans sa tirelire.

P. 749. $15 : 0,10 = 150.$
R. Il mettra 150 jours à épuiser sa tirelire.

P. 750. $0,15 \times 60 \times 9 = 81.$
R. Les aumônes de l'écolier se montent à 81 fr.

P. 751. $13,20 : 0,20 = 66.$
R. Il faudra 66 dimanches.

P. 752. $52 \times 5 \times 0,05 = 13.$
R. Son offrande s'élève à 13 francs.

P. 753. $52 \times 0,05 \times 10 = 26.$
R. Leurs offrandes s'élèvent à 26 francs.

P. 754. $365 \times 2 \times 0,1 = 73.$
R. Il fume par an pour 73 francs de cigarres.

P. 755. $(366 \times 2) + (365 \times 8) = 3.652;$
$3.652 \times 0,07 = 255,64.$
R. Ce priseur dépense en dix ans 255 fr. 64 c.

** P. 756. Un ouvrier met 10 minutes à fumer une pipe; combien d'heures emploie-t-il à fumer pendant une année, s'il fume 3 pipes par jour.

P. 757. Un priseur dépense 2 fr. de tabac tous les 20 jours; quelle est sa dépense par jour?

P. 758. Un priseur dépense 2 fr. de tabac tous les 25 jours; quelle est sa dépense au bout d'une année de 365 jours?

P. 759. Dans une famille on mange par jour un pain de 2 kilog.; combien mange-t-on de kilog. de pain pendant un mois de 30 jours?

* P. 760. Dans une famille on mange par jour 2 pains de 2 kilog. à 0 fr. 38 c. le kilog.; quelle est la dépense au bout d'une semaine de 7 jours?

* P. 761. Une famille mange par semaine pour 11 fr. 20 c. de pain; quelle est la dépense par jour?

** 762. Une pension mange par jour pour 11 fr. 76 c. de pain, à 0 fr. 42 c. le kilog.; quel est le poids du pain mangé par jour?

** P. 763. Une famille mange par semaine pour 12 fr. 60 c. de pain, à 0 fr. 45 c. le kilog.; combien par jour mange-t-elle de pains de 2 kilog.?

P. 764. Le blanchissage d'un enfant est de 0 fr. 45 c. par semaine; quelle est la dépense au bout d'une année ou de 52 semaines?

* P. 765. Une famille dépense par année 70 fr. 20 c. pour le blanchissage; quelle est la dépense par semaine?

P. 766. Quel est le prix du loyer d'une famille, sachant que le père consacre à cette dépense 30 jours à 4 fr. 75 c. par jour?

* P. 767. Une famille paie annuellement pour son loyer 180 fr.; combien le père doit-il travailler de jours à 4 fr. 50 c. pour cette dépense?

*** P. 768. Dans une famille, le père gagne par jour 4 fr. 50 c., et la mère 1 fr. 50 c.; si la dépense est par jour de 3 fr. 45 c., quelles seront les économies au bout d'un mois de 30 jours dont 26 de travail?

P. 769. Trente-cinq pauvres ont reçu chacun 0 fr. 30 c.; combien ont-ils reçu ensemble?

** P. 770. Le mètre d'un fil d'or coûte 3 fr. 75 c.; quel est le prix de 24 centimètres?

* P. 771. Un ouvrier reçoit 528 fr. pour salaire, à raison de 6 fr. 60 c. par jour; combien a-t-il travaillé de jours?

P. 756. $10 \times 3 \times 365 = 10.950$; $10.950 : 60 = 182$ h. 30'.
R. Il emploie à fumer 182 heures 30' par an.

P. 757. $2 : 20 = 0,10$.
R. Ce priseur dépense 0 fr. 10 c. par jour.

P. 758. $2 : 25 = 0$ fr. 08 de dépense par jour;
$365 \times 0,08 = 29,20$.
R. Ce priseur dépense par an 29 fr. 20 c.

P. 759. $2 \times 30 = 60$.
R. On mange, par mois, 60 kilog. de pain.

P. 760. $2 \times 2 \times 0,38 \times 7 = 10,64$.
R. La dépense par semaine est de 10 fr. 64 c.

P. 761. $11,20 : 7 = 1,60$.
R. La dépense par jour est de 1 fr. 60 c.

P. 762. $11,76 : 0,42 = 28$.
R. Elle mange par jour 28 kilog. de pain.

P. 763. $12,60 : 0,45 = 28$ kilog.;
$28 : 2 = 14$.
R. Elle mange par jour 2 pains de 2 kilog.

P. 764. $0,45 \times 52 = 23,40$.
R. La dépense, par an, est de 23 fr. 40 c.

P. 765. $70,20 : 52 = 1,35$.
R. La dépense, par semaine, est de 1 fr. 35 c.

P. 766. $4,75 \times 30 = 142,50$.
R. Le loyer de cette famille coûte 142 fr. 50 c.

P. 767. $180 : 4,5 = 40$.
R. Le père doit travailler 40 jours.

P. 768. $4,50 + 1,50 = 6$;
$6 \times 26 = 156$;
$3,45 \times 30 = 103,50$;
$156 - 103,50 = 52,50$.
R. Les économies seront de 52 fr. 50 c.

P. 769. $0,30 \times 35 = 10,50$.
R. Les pauvres ont reçu ensemble 10 fr. 50 c.

P. 770. $3,75 \times 0,24 = 0,90$.
R. Vingt-quatre centimètres coûtent 0 fr. 90 c.

P. 771. $528 : 6,60 = 80$.
R. L'ouvrier a travaillé 80 jours.

P. 772. Que coûtent 15 kilog. de pain à 38 c. le kilo?

* P. 773. Combien aura-t-on de kilogrammes de pain pour une somme de 4 fr. 92 c., à 0 fr. 41 c. le kilog.?

P. 774. Quelle est la recette d'un petit marchand qui vend pour 1 fr. 30 c. de pommes de terre, 3 fr. 75 c. de carottes et 5 fr. 25 c. de salade?

P. 775. En revendant du sucre pour 845 fr. 50 c., on gagne 75 fr. 75 c.; combien l'avait-on payé?

P. 776. Une feuille d'impression coûte 34 fr.; combien coûte l'impression d'un ouvrage de 12 feuilles?

P. 777. Un ouvrage de 10 feuilles a coûté 330 fr. de composition; quelle est le prix d'une feuille?

** P. 778. Un ouvrage se compose de 12 feuilles; si pour une feuille on paie 35 fr. de composition, et 0 fr. 025 de tirage, quelle sera la dépense pour 8.000 exemplaires?

* P. 779. La composition et le tirage de 12.000 exemplaires d'un ouvrage coûtent 7.460 fr.; combien faut-il vendre l'exemplaire pour gagner sur le tout 1.540 fr.?

* P. 780. Il me manque 315 fr. pour payer 76 mètres de drap à 15 fr. le mètre; combien ai-je?

* P. 781. Après avoir payé 6 pièces de vin de chacune 70 fr., il me reste 85 fr.; combien avais-je?

** P. 782. Un homme portant des œufs au marché en casse 35, en donne 8 aux pauvres, en vend 7 douzaines en route et arrive avec 476; combien en avait-il en partant de chez lui?

** P. 783. Un marchand part de chez lui avec 480 œufs, il en casse 27 et en vend 6 douzaines en route combien en a-t-il en arrivant au marché?

** P. 784. Un marchand part de chez lui avec 600 œufs, il en jette 42 qui sont gâtés, et arrive au marché avec 456; combien en a-t-il vendu en route?

** P. 785. Un commis qui gagne 45 fr. par mois a reçu 315 fr.; combien de mois lui reste-t-il à recevoir pour avoir une année d'appointements?

** P. 786. Un commis qui gagne 45 fr. par mois a reçu 405 fr.; que lui reste-t-il à toucher pour avoir une année d'appointements?

** P. 787. Quels sont les appointements d'un commis par an, sachant que pour 9 mois il a reçu 540 fr.?

* P. 788. Lorsqu'on brûle 24 chandelles par jour, combien faudra-t-il de jours pour brûler 768 chandelles?

* P. 789. Dans une fabrique, on a brûlé 1.035 chandelles en 45 jours; combien en a-t-on brûlé par jour?

P. 772. $0{,}38 \times 15 = 5{,}70.$
R. On doit payer 5 fr. 70 c.

P. 773. $4{,}92 : 0{,}41 = 12.$
R. On aura 12 kilog. de pain.

P. 774. $1{,}30 + 3{,}75 + 5{,}25 = 10{,}30.$
R. La recette est de 10 fr. 30 c.

P. 775. $845{,}50 - 75{,}75 = 769{,}75.$
R. On avait payé le sucre 769 fr. 75 c.

P. 776. $34 \times 12 = 408.$
R. L'impression de l'ouvrage coûte 408 francs.

P. 777. $330 : 10 = 33.$
R. La composition d'une feuille coûte 33 francs.

P. 778. $(35 \times 12) + (8.000 \times 0{,}025) = 620.$
R. La dépense sera de 620 fr.

P. 779. $(7.460 + 1.540) : 12.000 = 0{,}75.$
R. Il faut vendre l'exemplaire 0 fr. 75 c.

P. 780. $(76 \times 15) - 315 = 825.$
R. J'ai 825 francs.

P. 781. $(70 \times 6) + 85 = 505.$
R. J'avais 505 francs.

P. 782. $35 + 8 + (12 \times 7) + 476 = 603.$
R. Cet homme, en partant, avait 603 œufs.

P. 783. $27 + (12 \times 6) = 99 ; 480 - 99 = 381.$
R. Cet homme, arrivant au marché, a 381 œufs.

P. 784. $42 + 456 = 498 ; 600 - 498 = 102.$
R. Le marchand a vendu en route 102 œufs.

P. 785. $315 : 45 = 7 ; 12 - 7 = 5.$
R. Le commis doit encore recevoir 5 mois.

P. 786. $(45 \times 12) - 405 = 135.$
R. Il lui reste encore à toucher 135 francs.

P. 787. $540 : 9 = 60 ; 60 \times 12 = 720.$
R. Ce commis reçoit par an 720 francs.

P. 788. $768 : 24 = 32.$
R. Il faudra 32 jours.

P. 789. $1.035 : 45 = 23.$
R. On a brûlé 23 chandelles par jour.

** P. 790. Il manque 575 fr. à un boulanger pour acheter 145 sacs de farine à 64 fr. 50 c. le sac; dites combien ce boulanger a d'argent.

** P. 791. Un chapelier achète 15 chapeaux qu'il revend 210 fr., en gagnant 2 fr. sur chaque chapeau; combien un chapeau lui avait-il coûté?

** P. 792. Sur une somme de 8.725 fr., 14 sergents ont pris chacun 260 fr.; combien 450 soldats auront-ils chacun en se partageant le reste?

** P. 793. On veut partager 544 fr. entre 15 personnes; si les 7 premières ont chacune 24 fr., combien les 8 autres auront-elles chacune?

** P. 794. Quel est le prix de 10 douzaines de canifs, quand 6 canifs reviennent à 4 fr. 50 c.?

** P. 795. Quelle somme avait René, sachant qu'après avoir reçu 10 fr. de ses parents, il a donné successivement 0 fr. 25 c. à 12 pauvres, et qu'il lui reste 21 fr. 50 c.?

** P. 796. Mathurin achète une pièce de drap à 12 fr. le mètre; en le revendant 15 fr., il fait un bénéfice total de 153 fr.; quelle était la longueur de la pièce?

** P. 797. Que coûte une marchandise, sachant qu'elle a été vendue 1.600 fr., et que si elle eût été revendue 175 fr. de plus, le gain eût été de 575 fr.?

** P. 798. On achète 45 pièces de drap d'égale longueur à 10 fr. le mètre; en le revendant 12 fr. on gagne 4.500 fr.; quelle est la longueur de chaque pièce?

*** P. 799. Un marchand a fait confectionner 16 paires de bottes pour 210 fr.; il en vend la moitié à 14 fr. la paire; combien doit-il vendre la paire de ce qui reste pour gagner en tout 26 fr.?

* P. 800. On a payé 44 fr. pour la vitrerie de 10 croisées de chacune 8 carreaux; quel est le prix d'un carreau?

* P. 801. On a payé 421 fr. pour 75 chemises; combien faut-il revendre la chemise pour gagner 50 fr.?

* P. 802. Martin a payé 315 fr. pour 120 planches; combien faut-il revendre la planche pour bénéficier de 825 millièmes sur chacune?

** P. 803. Quelle somme possède Eugène, sachant que si on lui donnait 14 fr. 50 c., il pourrait acquitter une dette de 5 fr. 50 c., et qu'il lui resterait 12 fr. 75 c.?

* P. 804. Une personne pourrait dépenser 2.555 fr. par an; mais si elle veut économiser 730 fr., à combien doit-elle borner sa dépense journalière?

P. 790. $(64,50 \times 145) - 575 = 8.777,50$.
R. Ce boulanger a, en argent, 8.777 fr. 50 c.

P. 791. $210 : 15 = 14 ; 14 - 2 = 12$.
R. Un chapeau lui avait coûté 12 francs.

P. 792. $8.725 - (260 \times 14) = 5.085$;
$5.085 : 450 = 11,30$.
R. Chaque soldat aura 11 fr. 30 c.

P. 793. $544 - (24 \times 7) = 376$;
$376 : 8 = 47$.
R. Chacune des huit autres aura 47 francs.

P. 794. $4,50 : 6 = 0,75 ; 0,75 \times 12 \times 10 = 90$.
R. Les dix douzaines de canifs coûtent 90 fr.

P. 795. $(0,25 \times 12) + 21,50 = 24,50$;
$24,50 - 10 = 14,50$.
R. René avait 14 fr. 50 c.

P. 796. $15 - 12 = 3$;
$153 : 3 = 51$.
R. La pièce était longue de 51 mètres.

P. 797. $575 - 175 = 400$ fr. de gain ;
$1.600 - 400 = 1.200$.
R. Cette marchandise coûte 1.200 francs.

P. 798. $4.500 : 45 = 100$ fr. de gain par pièce ;
$12 - 10 = 2$;
$100 : 2 = 50$.
R. Chaque pièce est longue de 50 mètres.

P. 799. $14 \times 8 = 112 ; 210 + 26 = 236$;
$236 - 112 = 124 , 124 : 8 = 15,50$.
R. Il doit vendre la paire 15 fr. 50 c.

P. 800. $44 : (10 \times 8) = 0,55$.
R. Le prix d'un carreau est de 0 fr. 55 c.

P. 801. $(421 + 50) : 75 = 6,28$.
R. Il faut revendre la chemise 6 fr. 28 c.

P. 802. $315 : 120 = 2,625 ; 2,625 + 0,325 = 2,95$
R. Il faut revendre la planche 2 fr. 95 c.

P. 803. $(75,50 + 12,75) - 14,50 = 73,75$.
R. Eugène possède la somme de 73 fr. 75 c.

P. 804. $(2.555 - 730) : 365 = 5$.
R. Cette personne doit dépenser 5 fr. par jour.

** **P. 805.** Bertrand dit que si son revenu était augmenté de 144 fr., il aurait 6 fr. 50 c. à dépense par jour; quel est son revenu?

** **P. 806.** Un négociant reçoit 60 caisses, et les paie 1.846 fr.; 30 lui coûtent chacune 34 fr., 20 lui coûtent chacune 18 fr.; quel est le prix de chacune des autres?

* **P. 807.** Une marchande fait 3 ventes : sur la 1re elle gagne 44 fr. 50 c., sur la 2e elle perd 9 fr. 75 c., et sur la 3e elle gagne 19 fr. 25 c.; que gagne-t-elle en définitive?

P. 808. Que coûtent 5 douzaines de foulards à 6 fr. 75 c. la pièce?

* **P. 809.** Un tailleur achète 72 mètres 20 centimètres de velours à raison de 10 fr. 50 c. le mètre, et il le revend 12 fr. 75 c.; quel est son bénéfice total?

* **P. 810.** Quatre-vingts mètres 25 centimètres de velours ont coûté 802 fr. 50 c.; quel sera le bénéfice du marchand s'il les revend 13 fr. 80 c. le mètre?

* **P. 811.** Quel est le nombre des lettres contenues dans un volume de 240 pages, la page étant de 49 lignes, et la ligne de 45 lettres?

* **P. 812.** Quel est le nombre d'enfants que peut contenir une salle de catéchisme dont les deux côtés ont chacun 25 bancs de 7 élèves?

* **P. 813.** Combien, pour 26 fr. 80 c., aura-t-on d'objets à 0 fr. 67 c. l'un?

* **P. 814.** Quel est le prix de 3 paquets de bougies pesant chacun 5 kilog., à raison de 2 fr. 85 c. le kilog.?

* **P. 815.** Que doit-on payer pour la vitrerie de 6 fenêtres de chacune 8 carreaux, à raison de 0 fr. 65 c. le carreau?

P. 816. Quel est le nombre d'hommes contenus dans un corps de troupes disposé sur 29 rangées, à raison de 46 hommes par rangée?

* **P. 817.** Que doit-on payer pour 36 pièces de vin de chacune 240 litres, à 0 fr. 75 c. le litre?

* **P. 818.** Que doit-on payer pour 24 rames de papier à raison de 0 fr. 35 c. la main, sachant que 20 mains composent une rame?

* **P. 819.** Quel est le montant de l'aumône faite à 15 hommes, 12 femmes et 23 enfants, si les hommes ont reçu chacun 35 c., les femmes 30 c., et les enfants 15 c.?

** **P. 820.** Que doit-on payer pour 8 pièces de drap de 28 mètres chacune, lorsque 989 mètres du même drap coûtent 13.450 fr. 40 c.?

P. 805. $(365 \times 6,50) - 144 = 2.228,50.$
R. Le revenu de Bertrand est de 2.228 fr. 50 c.

P. 806. $(34 \times 30) + (18 \times 20) = 1.380 ;$
$1.846 - 1.380 = 466 ;$
$30 + 20 = 50 ; 60 - 50 = 10 ;$
$466 : 10 = 46,60.$
R. Chacune des autres caisses coûte 46 fr. 60 c.

P. 807. $(44,50 + 19,25) - 9,75 = 54.$
R. Cette personne gagne en définitive 54 fr.

P. 808. $6,75 \times 12 \times 5 = 405.$
R. Les 5 douzaines coûtent 405 francs.

P. 809. $(12,75 - 10,50) \times 72,20 = 162,45.$
R. Le bénéfice total est de 162 fr. 45 c.

P. 810. $(13,80 \times 80,25) - 802,50 = 304,95.$
R. Le bénéfice sera de 304 fr. 95 c.

P. 811. $45 \times 49 \times 240 = 529.200.$
R. Le volume contient 529.200 lettres.

P. 812. $7 \times 25 \times 2 = 350.$
R. La salle peut contenir 350 enfants.

P. 813. $26,80 : 0,67 = 40.$
R. On aura 40 objets.

P. 814. $2,85 \times 5 \times 3 = 42,75.$
R. Les 3 paquets de bougie coûtent 42 fr. 75 c.

P. 815. $0,65 \times 8 \times 6 = 31,20.$
R. On doit payer 31 fr. 20 c.

P. 816. $46 \times 29 = 1.334.$
R. Ce corps de troupe contient 1.334 hommes.

P. 817. $240 \times 36 \times 0,75 = 6.480.$
R. On doit payer 6.480 francs

P. 818. $24 \times 20 \times 0,35 = 168.$
R. On doit payer 168 francs.

P. 819. $(0,35 \times 15) + (0,30 \times 12) + (0,15 \times 23)$
$= 12,30.$
R. L'aumône est de 12 fr. 30 c.

P. 820. $13.450,40 : 989 = 13$ fr. 60 prix d'un mètre ;
$13,60 \times 28 \times 8 = 3.046,40.$
R. On doit payer 3.046 fr. 40 c.

3*

* P. 821. Une pièce de drap de 64 mètres a été achetée 736 fr.; combien doit-on revendre le mètre pour gagner 128 fr. en tout?

** P. 822. On achète 50 douzaines de crayons pour 30 fr.; combien aura-t-on de crayons pour 25 fr.?

*** P. 823. Le cent de noix coûte 0 fr. 40 c. au marchand, qui les revend 10 pour 0 fr. 05 c.; dites gain son d'une journée, s'il en revend pour 7 fr.

*** P. 824. Le 100 d'amandes coûte 0 fr. 45 c. au marchand, qui les débite à 8 pour 0 fr. 05 c.; quel sera le gain de 2 sacs qui en contiennent chacun 2.000?

** P. 825. On achète 4 paniers de chacun 75 douzaine de poires, à 0 fr. 45 la douzzaine; si on revend la douzaine 0 fr. 70 c., que gagnera-t-on sur le tout?

** P. 826. La douz. de canifs coûte 5 fr. 40 c., et on revend le canif 60 c.; dites le gain que l'on fait sur 8 canifs.

** P. 827. Le cent de briques coûte 25 fr.; que faut-il payer pour 3 voitures qui en contiennent chacune 1.350?

** P. 828. Quel est le bénéfice d'un commis qui a placé 6 tonneaux de chacun 340 litres, sachant qu'il a 2 fr. 25 c. par 100 litres placés?

** P. 829. Quel est le prix de 84 mouchoirs à 14 fr. 52 c. la douzaine?

** P. 830. Quand on a un cent d'aiguilles pour 1 fr. 50 c., combien en aurait-on au même prix pour 12 fr.?

** P. 831. Un fruitier achète 5.400 poires, à condition d'en avoir 12 pour 100 en sus; comb. doit-il en recevoir?

*** P. 832. On a donné à un détachement de 15 hommes, pour 2 jours de solde, 63 fr. 63 c. Un autre pour 13 jours a reçu 91 fr. 91 c.; de combien d'hommes se composait le dernier détachement?

*** P. 833. Un homme fait un voyage de 9 jours, en faisant 20 kilom. chaque jour; à son retour, il fait 12 kilom. par jour; combien restera-t-il de jours pour revenir?

*** P. 834. Un homme fait un voyage de 24 jours, de chacun 20 kilom.; s'il recommence ce voyage, en ne faisant que 15 kilom. par jour, combien mettra-t-il de jours de plus que la première fois?

** P. 835. Un voyageur parcourt pendant 12 jours 16 kilom. par jour; s'il veut s'en retourner en 8 jours, quel trajet doit-il faire par jour?

** P. 836. Un homme a fait un voyage de 32 jours en faisant 15 kilom. par jour; il veut le recommencer et rester 8 jours de plus; quel trajet fera-t-il par jour?

P. 821. $(736 + 128) : 64 = 13,50.$
R. On doit revendre le mètre 13 fr. 50 c.

P. 822. $30 : (12 \times 50) = 0$ fr. 05 prix d'un crayon;
$25 : 0,05 = 500.$
R. On aura 500 crayons.

P. 823. $100 : 10 = 10$ fois dix noix;
$0,05 \times 10 = 0$ fr. 50 vente de 100 noix;
$0,50 - 0,40 = 0$ fr. 10 gain sur 0 fr. 50 de vente,
$7 : 0,50 = 14;$
Il a vendu 14 fois 0.50, et a gagné $0,10 \times 14 = 1,40.$
R. Le marchand gagne par jour 1 fr. 40.

P. 824. $0,45 : 100 = 0$ fr. 0045, prix d'ach. d'une amande;
$0,05 : 8 = 0$ fr. 00625, pr. de vente d'une amande;
$0,00625 - 0,0045 = 0$ fr. 00175, bénéf. sur une am.;
$0,00175 \times 2000 \times 2 = 7.$
R. Le gain du marchand sera de 7 francs.

P. 825. $(0,70 - 0,45) \times 75 \times 4 = 75.$
R. On gagnera 75 francs sur le tout.

P. 826. $5,4 : 12 = 0$ fr. 45 prix d'achat d'un canif;
$(0,60 - 0,45) \times 8 = 1,20.$
R. On gagne 1 fr. 20 c. sur huit canifs.

P. 827. $1.350 \times 3 = 4.050;$
$(4.050 : 100) \times 25 = 1.012,50.$
R. Il faut payer 1.012 fr. 50 c.

P. 828. $(340 \times 6) : 100 = 20,4;$
$20,4 \times 2,25 = 45,90.$
R. Le bénéfice du commis est de 45 fr. 90 c.

P. 829. $(14,52 \times 84) : 12 = 101,64.$
R. Le prix des mouchoirs est de 101 fr. 64 c.

P. 830. $1,50 : 100 = 0$ fr. 015 prix de l'aiguille;
$12 : 0,015 = 800.$
R. On aurait 800 aiguilles.

P. 831. $5.400 : 100 = 54; 54 \times 12 = 648;$
$5.400 + 648 = 6.048.$
R. Le fruitier doit recevoir 6.048 poires.

P. 832. $.63,63 : (12 \times 15) = 0$ fr. 3535, solde d'un
homme pour un jour;
$91,91 : 13 = 7$ fr. 07 pour un jour;
$7,07 : 0,3535 = 20$
R. Le dernier détachement est de 20 hommes.

P. 833. $(20 \times 9) : 12 = 15.$
R. Il restera 15 jours pour revenir.

P. 834. $(24 \times 20) : 15 = 32; 32 - 24 = 8.$
R. Il mettra huit jours de plus que la 1re fois.

P. 835. $(12 \times 16) : 8 = 24.$
R. Il doit faire par jour 24 kilomètres.

P. 836. $32 + 8 = 40; (32 \times 15) : 40 = 12.$
R. Il doit parcourir par jour 12 kilomètres.

*** P. 837. Pour payer une dette de 2.783 fr. 75 c. on a donné 123 mèt. de mérinos à 8 fr. 30 c., 111 mèt. de calicot à 2 fr. 10 c., 920 fr. 75 c., et de la toile de coton à 1 fr. 75 c.; combien a-t-on donné de mètres de toile?

** P. 838. Un entrepreneur emploie 128 ouvriers qu'il paie 3 fr. 25 c. par jour, 53 qu'il paie 2 fr., et 45 qu'il paie 1 fr. 50 c.; quel est sa dépense par jour?

** P. 839. Quel est le prix d'une pièce de vin de 220 litres, sachant qu'elle a été formée avec 150 litres à 0 fr. 75 et 70 litres à 0 fr. 60 c.?

** P. 840. Dans un tonneau, on a versé 200 litres de vin à 0 fr. 55 c., et 20 litres d'eau; quel est le prix du litre?

** P. 841. Quel est le prix du litre d'une pièce de vin de 240 litres, sachant qu'on l'a formée avec 150 litres à 0 fr. 75 c. et 90 litres à 0 fr. 35 c.?

** P. 842. Quel est le prix d'un panier de vin qui contient 15 bouteilles à 2 fr. 25 c., 18 bouteilles à 2 fr. 75 c., et 14 bouteilles à 3 fr. 75 c.?

** P. 843. Quelle est la recette d'un marchand de vin qui débite 45 litres à 2 fr. 25 c., 75 litres à 1 fr. 75 c., 149 litres à 0 fr. 90 c., et 345 litres à 0 fr. 65 c.?

** P. 844. Quel est le montant d'une quête faite à domicile pour les pauvres, sachant qu'elle se compose des pièces suivantes : 10 pièces de 50 fr., 16 pièces de 20 fr., 25 pièces 10 fr., 75 pièces de 5 fr., 345 pièces de 2 fr., 452 pièces de 1 fr., 842 pièces de 0 fr. 50 c., et 976 pièces de 0 fr. 20 c.?

** P. 845. Quel est le montant d'une facture qui porte 27 mètres de soie à 3 fr. 75 c., 75 mètres de toile à 2 fr. 45 c., et 29 mètres d'indienne à 1 fr. 75 c.?

** P. 846. Un convoi de Paris à Orléans transporte pour cette ville 94 voyageurs de première classe, payant chacun 12 fr. 50 c.; 142 voyageurs de deuxième classe, payant chacun 9 fr. 40 c., et 215 voyageurs de troisième classe, payant chacun 7 fr.; quelle a été la recette de l'administration?

P. 847. Une personne a acheté pour 2 fr. 60 c. de viande, pour 1 fr. 45 c. de légumes, pour 2 fr. 10 c. de fromage, et pour 8 fr. 75 c. d'autres objets; combien a-t-elle dépensé?

* P. 848. J'ai acheté un pantalon pour 8 fr. 75 c., un gilet pour 5 fr. 40 c., un chapeau pour 7 fr. 20 c., une cravate pour 3 fr. 75 c., une redingote pour 29 fr. 40 c., et il me reste 48 fr. 85 c.; combien avais-je?

P. 837. $(123 \times 8,30) + (111 \times 2,10) + 920,75$
$= 2.174,75;$
$(2.783,75 - 2.174,75) : 1,75 = 348.$
R. On a donné 348 mètres de toile.

P. 838. $(3,25 \times 128) + (53 \times 2) + (45 \times 1,50)$
$= 589,50.$
R. L'entrepreneur dépense par jour 589 fr. 50 c.

P. 839. $(0,75 \times 150) + (0,60 \times 70) = 154,50.$
R. La pièce de vin coûte 154 fr. 50 c.

P. 840. $(0,55 \times 200) : 220 = 0,50.$
R. Le litre coûte 0 fr. 50 c.

P. 841. $(0,75 \times 150) + (0,35 \times 90) = 144 ;$
$144 : 240 = 0,60.$
R. Le litre coûte 0 fr. 60 c.

P. 842. $(2,25 \times 15) + (2,75 \times 18) + (3,75 \times 14)$
$= 135.75.$
R. Le panier de vin coûte 135 fr. 75 c.

P. 843. $(2,25 \times 45) + (1,75 \times 75) + (149 \times 0,90)$
$+ (345 \times 0,65) = 590,85.$
R. La recette du marchand est de 590 fr. 85 c.

P. 844. $(40 \times 12) + (20 \times 17) + (10 \times 25) + (75$
$\times 5) + (345 \times 2) + (452 \times 1) + (842$
$\times 0,50) + (976 \times 0,20) = 3.203,20.$
R. Le montant de la quête est de 3.203 fr. 20 c.

P. 845. $(3,75 \times 27) + (2,45 \times 75) + (1,75 \times 29)$
$= 335,75.$
R. Le montant de la facture est de 335 fr. 75 c.

P. 846. $(12,50 \times 94) + (9,40 \times 142) + (215 \times 7)$
$= 4.014,80.$
R. La recette a été de 4.014 fr. 80 c.

P. 847. $2,60 + 1,45 + 2,10 + 8,75 = 14,90.$
R. Cette personne a dépensé 14 fr. 90 c.

P. 848. $8,75 + 5,40 + 7,20 + 3,75 + 29,40 + 48,85$
$= 103,35.$
R. J'avais 103 fr. 35 c.

* P. 849. Une famille fait par jour la dépense suivante : lait 0 fr. 55 c., café 0 fr. 25 c., pain 1 fr. 20 c., viande 0 fr. 95 c., légumes 0 fr. 40 c. et vin 0 fr. 75 c.; quelle est la dépense au bout d'une semaine de 7 jours?

** P. 850. Une usine compte 18 ouvriers à 4 fr. 75 c. par jour, 22 à 3 fr. 65 c., 34 à 3 fr. 25 c., et 17 à 2 fr. 45.; à combien s'élève la paie pour 12 jours de travail?

** P. 851. Un libraire vend 6 grammaires à 0 fr. 65 c., 12 géographies à 0 fr. 85 c., 15 géométries à 0 fr. 95 c., et 24 histoires à 1 fr. 10 c.; que doit-il rendre si on lui donne 3 pièces de 20 fr.?

** P. 852. Pour payer une marchandise, on donne 3 pièces de 50 fr., 2 de 20 fr., 14 de 5 fr., 24 de 2 fr., 42 de 1 fr., 46 de 0 fr. 50, 72 de 0 fr. 20; combien coûte-t-elle?

* P. 853. Une servante a acheté pour 0 fr. 75 c. de fromage, 1 fr. 50 c. de beurre, 0 fr. 90 c. de poisson, 0 fr. 70 c. de légumes et 0 fr. 35 c. d'épices; combien doit-elle rendre sur 6 fr. qu'elle a reçus?

** P. 854. Un marchand a acheté 654 mèt. 75 cent. de drap pour 4.579 fr. 85 c., 957 mèt. 85 cent. de toile pour 3.452 fr. 55 c., 456 mèt. 50 cent. d'indienne pour 45 fr. 65 c., et enfin 145 mèt. de ruban pour 581 fr. 80 c.; combien a-t-il acheté de mètres et que doit-il payer?

* P. 855. On donne 5 fr. à Edmond; il achète un cahier de 0 fr. 10 c., un cahier de 0 fr. 20 c., un abrégé de grammaire de 0 fr. 25 c., un de géographie de 0 fr. 25 c., une histoire de 1 fr. 10 c., un carton de 0 fr. 50 c., et une ardoise de 0 fr. 60 c.; que doit-il rapporter à sa mère?

* P. 856. Une ménagère doit 24 fr. 25 c. au boulanger, 15 fr. 75 c. au boucher, 12 fr. 40 c. au brasseur, 9 fr. 75 c. au cordonnier, 26 fr. 75 c. à l'épicier; combien lui faut-il encore pour acquitter ces dettes, sachant qu'elle n'a que 75 fr. 75 c.?

* P. 857. Une servante a acheté pour 1 fr. 75 c. de légumes, 2 fr. 85 c. de beurre, 1 fr. 65 c. de fromage, 2 fr. 45 c. de viande et 0 fr. 85 c. de fruits; que doit-elle rendre sur une pièce de 10 fr. qu'elle a reçue?

* P. 858. Jean, qui avait 17 fr. 75 c., achète un gilet 4 fr. 75 c., une paire de souliers 6 fr. 55 c., et donne le reste à un pauvre; dites le montant de son aumône.

** P. 859. Dans une église on a fait quatre quêtes : la première a donné 37 fr., la deuxième 9 fr. de plus, la troisième 52 fr., et la quatrième, autant que la première et la deuxième : combien a-t-on ramassé en tout?

P. 849. $(0,55 + 0,25 + 1,20 + 0,95 + 0,40 + 0,75)$
$\times 7 = 28,70.$
R. Cette famille dépense, par semaine, 28 f. 70 c.

P. 850. $(4,75 \times 18) + (3,65 \times 22) + (3,25 \times 34)$
$+ (2,45 \times 17) = 317,95$;
$317,95 \times 12 = 3.815,40.$
R. La paie pour 12 jours s'élèvera à 3.815 fr. 40 c.

P. 851. $(0,65 \times 6) + (0,85 \times 12) + (0,95 \times 15)$
$+ (1,16 \times 24) = 54,75$;
$(20 \times 3) - 54,75 = 5,25.$
R. Le libraire doit rendre 5 fr. 25 c.

P. 852. $(40 \times 2) + (20 \times 3) + (14 \times 5) + (24 \times 2)$
$+ (42 \times 1) + (46 \times 0,50) + (72 \times 0,20)$
$= 337,40.$
R. Cette marchandise coûte 337 fr. 40 c.

P. 853. $0,75 + 1,50 + 0,90 + 0,70 + 0,35 = 4,20,$
$6 - 4,20 = 1,80.$
R. Cette servante doit rendre 1 fr. 80 c.

P. 854. $654,75 + 957,85 + 456,50 + 145 = 2.214,10$
$4.579,85 + 3.452,55 + 45,65 + 581,80$
$= 8.659,85.$
R. Le marchand a acheté 2.214 mètres 10 cent.,
et doit payer 8.659 fr. 85 c.

P. 855. $5 - (0,10 + 0,20 + 0,25 + 0,25 + 1,10$
$+ 0,50 + 0,60) = 2.$
R. Edmond doit rapporter à sa mère 2 fr.

P. 856. $(24,25 + 15,75 + 12,40 + 9,75 + 26,75$
$= 88,90 ; 88,90 - 75,75 = 13,15.$
R. Il lui faut encore 13 fr. 15 c.

P. 857. $10 - (1,75 + 2,85 + 1,65 + 2,15 + 0,85) = 0,45$
R. La servante doit rendre 0 fr. 45 c.

P. 858. $17,75 - (4,75 + 6,55) = 6,45.$
R. L'aumône de Jean est de 6 fr. 45 c.

P. 859. $37 + (37 + 9) + 52 + (37 + 37 + 9) = 218.$
R. On a ramassé, en tout, 218 fr.

** P. 860. Un marchand achète 16 assiettes à 0 fr. 13 c., 24 plats à 0 fr. 22 c., 64 verres à 0 f.. 09 c., 36 bouteilles à 0 fr. 17 c.; il revend les assiettes 0 fr. 15 c., les plats 0 fr. 25 c., les verres 0 fr. 15 c., et les bouteilles 0 fr. 25 c.; que gagne-t-il sur chaque article?

** P. 861. Un épicier achète 340 kilog. d'huile à 1 fr. 75 c. le kilog., 175 kilog. de sucre à 0 fr. 85 c., 78 kilog. de fromage à 1 fr. 40 c., et 87 kilog. de beurre à 2 fr.; que gagnera-t-il sur chaque article et sur le tout, s'il revend l'huile 2 fr. 20 c., le sucre 0 fr. 95 c., le fromage 1 fr. 65 c. le beurre 2 fr. 45 c.?

** P. 862. Dans un atelier se trouvent 3 ouvriers qui rapportent, par jour au patron, le premier 6 fr. 50 c., le second 5 fr. 50 c., et le troisième 4 fr. 50 c.; quel est le bénéfice du patron au bout de la semaine, s'il donne par jour, au premier 5 fr., au deuxième 4 fr. 25 c., et au troisième 3 fr. 25 c.?

* P. 863. Sur une pièce de 5 fr., un écolier a acheté pour 3 fr. 40 c. de livres classiques, 0 fr. 30 c. de papier, 0 fr. 15 c. de plumes, 0 fr. 10 c. d'encre, une règle de 0 fr. 20 c. et un crayon de 0 fr. 10 c.; combien doit-il rendre à ses parents?

* P. 864. Sur une pièce de 5 fr., un écolier achète pour 2 fr. 40 c. de livres classiques, 0 fr. 40 c. de papier, 0 fr. 25 de plumes, et 0 fr. 10 c. d'encre; combien doit-il rendre à ses parents?

* P. 865. Une servante achète pour 0 fr. 75 c. de lait, 1 fr. 30 c. de beurre, 1 fr. 25 c. de fromage, 0 fr. 90 c. de légumes, et 1 fr. 95 c. de poisson; combien doit-elle rendre sur 10 fr.?

*** P. 866. On achète 20 rames de papier à 8 fr. 50 c., 8 douzaines de livres à 0 fr. 75 c. le volume, 50 grosses de plumes à 0 fr. 85 c. l'une, 6 registres à 2 fr. 35 c.; 5 douzaines de crayons à 0 fr. 03 c. pièce, et enfin 25 douzaines de canifs à 16 fr. la douzaine; combien le marchand doit-il rendre sur un billet de 1.000 fr. qu'on lui donne en paiement?

*** P. 867. Dans un atelier composé de 40 ouvriers, 15 sont payés à 4 fr. 75 c. par jour, 18 à 5 fr. 25 c., et les autres à 8 fr.; quel sera le profit annuel de l'entrepreneur s'il reçoit 88.300 fr. et qu'il dépense 2.340 fr. en frais de loyer et d'entretien, sachant que les ouvriers ont travaillé 297 jours.

P. 860. $(0,15 - 0,13) \times 16 = 0$ fr. 32;
$(0,25 - 0.22) \times 24 = 0,72$;
$(0,15 - 0,09) \times 64 = 3,84$;
$(0,25 - 0,17) \times 36 = 2,88$;
$(0,32 + 0,72 + 3,84 + 2,88) = 7,76$.
R. Le marchand gagne 0 fr. 32 c. sur les assiettes, 0 fr. 72 c. sur les plats, 3 fr. 84 c. sur les verres, et 2 fr. 88 c. sur les bouteilles; il gagne sur le tout 7 fr. 76 c.

P. 861. $(2,20 - 1,75) \times 340 = 153$;
$(0,95 - 0,85) \times 175 = 17,50$;
$(1,65 - 1,40) \times 78 = 19,50$;
$(2,45 - 2) \times 87 = 39,15$.
$(153 + 17,50 + 19,50 + 39,15) = 229,15$.
R. L'épicier gagnera 153 fr. sur l'huile, 17 fr. 50 c. sur le sucre, 19 fr. 50 c. sur le fromage, et 39 fr. 15 c. sur le beurre; il gagnera sur le tout 229 fr. 15 c.

P. 862. $(6,50 + 5,50 + 4,50) - (5 + 4,25 + 3,25 = 4; 4 \times 6 = 24$.
R. Le bénéfice du patron, par semaine, est de 24 francs.

P. 863. $3,40 + 0,30 + 0,15 + 0,10 + 0,20 + 0,10 = 4,25$;
$5 - 4,25 = 0,75$.
R. L'écolier doit rendre à ses parents 0 fr. 75 c.

P. 864. $5 - (2,40 + 0,40 + 0,25 + 0,10) = 1,85$.
R. L'écolier doit rendre à ses parents 1 fr. 85 c.

P. 865. $0,75 + 1,30 + 1,25 + 0,90 + 1,95 = 6,15$;
$10 - 6,15 = 3,85$.
R. La servante doit rendre 3 fr. 85 c.

P. 866. $(8,50 \times 20) + (0,75 \times 12 \times 3) + (0,85 \times 50) + (2,35 \times 6) + (0,03 \times 12 \times 5) + (16 \times 25) = 655,40$;
$1.000 - 655,40 = 344,60$.
R. Le marchand doit rendre 344 fr. 60 c.

P. 867. $40 - (15 + 18) = 7$ ouvriers;
$(4,75 \times 15) + (5,25 \times 18) + (8 \times 7) = 221$ fr. 75 dépense par jour;
$221,75 \times 297 = 65.859,75$;
$88.300 - (65.859,75 + 2.340) = 20.100,25$.
R. Le profit annuel sera de 20.100 fr. 25 c.

** P. 866. Un maquignon a acheté 18 chevaux qu'il a payés 250 fr. chacun, 28 à 340 fr., 15 à 205 fr., et 22 à 175 fr. ; il en vend 24 à 340 fr., 21 à 350 fr., 18 à 207 fr., et le reste à 195 fr. ; quel est son bénéfice ?

** P. 867. On partage une somme entre 45 personnes : 12 ont chacune 824 fr., 15 ont chacune 752 fr., et les autres chacune 548 fr. 65 c. ; quelle est la somme partagée ?

*** P. 870. Combien doit-on donner en argent pour payer 987 mètres de toile à 3 fr. 15 c. le mètre, 15 pièces de chacune 93 mètres 35 centimètres à 2 fr. 45 c. le mètre, et 7 pièces de chacune 101 mètres à 1 fr. 95 c., si l'on a donné 17 pièces de drap de chacune 24 mètres 55 centimètres à 9 fr. 75 c. le mètre, et 14 pièces de 94 mètres 90 centimètres de percaline à 0 fr. 85 c. le mèt. ?

** P. 871. Un marchand a acheté 440 litres de vin pour 142 fr. 60 c., et 412 litres pour 113 fr. ; il mèle le tout, et demande à quel prix lui revient le litre du mélange.

** P. 872. On a acheté 850 verres à 0 fr. 15 c., on a payé 11 fr. 25 c. d'emballage et de transport, et 18 fr. 45 cent. d'autres dépenses ; combien doit-on revendre chaque verre pour gagner 55 fr. 30 c. sur le tout ?

** P. 873. On a acheté 18 pièces de calicot de chacune 84 mètres, pour 1.468 fr. 80 c. ; en les revendant on a perdu 30 fr. 60 c. ; combien a-t-on perdu par mètre ?

* P. 874. Un boucher a vendu 128 kilog. de viande à 0 fr. 90 c. ; il a reçu en paiement 288 kilog. de pain ; on demande le prix du kilog. de pain.

** P. 875. Un enfant use par an, pour sa chaussure, 3 paires de souliers à 4 fr. 50 c., 2 paires de sabots à 0 fr. 60 c., 2 paires de chaussons à 0 fr. 65 c., et 5 paires de bas à 0 fr. 80 c. ; combien le père doit-il travailler de jours à 2 fr. 50 c. pour cette dépense ?

** P. 876. Un enfant use par année, pour son habillement, 3 pantalons à 5 fr. 55 c., 2 habits à 8 fr. 25 c., 2 gilets à 2 fr. 50 c., 3 blouses à 3 fr. 75 c., et une ceinture de 0 fr. 60 c. ; si le père gagne par jour 3 fr. 50 c., et la mère 1 fr. 50 c., combien ces frais leur prennent-ils de jours de travail dans l'année ?

** P. 877. Un enfant use par année 3 chemises à 2 fr. 25 c., 5 mouchoirs à 0 fr. 40 c., 2 cravates à 1 fr. 25 c. ; combien la mère doit-elle travailler de jours à 0 fr. 75 c. pour gagner tous ces articles ?

P. 868. $(18 + 28 + 15 + 22) - (24 + 21 + 18)$
$= 20$ chevaux ;
$(250 \times 18) + (340 \times 28) + (205 \times 15)$
$+ (175 \times 22) = 20.945$ fr. prix d'achat ;
$(340 \times 24) + (350 \times 21) + (207 \times 18)$
$+ (195 \times 20) = 23.136$ fr. prix de vente ;
$23.136 - 20.945 = 2.191$.
R. Le bénéfice du maquignon est de 2.191 fr.

P. 869. $45 - (12 + 15) = 18$ personnes ;
$(824 \times 12) + (752 \times 15) + (548,65 \times 18)$
$= 31.043,70$.
R. La somme partagée est de 31.043 fr. 70 c.

P. 870. $(3,15 \times 987) + (2,45 \times 93,35 \times 15)$
$+ (1,95 \times 101 \times 7) = 7.918.3125$;
$(9,75 \times 24,55 \times 17) + (0,85 \times 94,90 \times 14)$
$= 5.198,4725$;
$7.916,3125 - 5.198,4725 = 2.719,84$.
R. On doit donner en argent 2,719 fr. 84 c.

P. 871. $440 + 412 = 852$;
$(412,60 + 113) : 852 = 0,30$.
R. Le litre du mélange revient à 0 fr. 30 c.

P. 872. $850 \times 0,15 = 127$ fr. 50 prix d'achat ;
$(127,50 + 11,25 + 18,45 + 55,30) : 850 = 0,25$.
R. On doit revendre chaque verre 0 fr. 25 c.

P. 873. $30,60 : (34 \times 18) = 0,05$.
R. On a perdu par mètre 0 fr. 05 c.

P. 874. $(0,90 \times 128) : 288 = 0,40$.
R. Le kilogramme de pain coûte 0 fr. 40 c.

P. 875. $(4,50 \times 3) + (0,60 \times 2) + (0,65 \times 2)$
$+ (0,80 \times 5) = 20$;
$20 : 2,50 = 8$.
R. Le père doit travailler 8 jours.

P. 876. $(5,55 \times 3) + (8,25 \times 2) + (2,50 \times 2)$
$+ (3,75 + 3) + 0,60 = 50$;
$50 : (3,50 + 1,50) = 10$.
R. Le père et la mère doivent travailler 10 jours.

P. 877. $(2,25 \times 3) + (0,40 \times 5) + (1,25 \times 2) = 11,25$;
$11,25 : 0,75 = 15$.
R. La mère doit travailler 15 jours.

** P. 878. Une personne qui devait 780 fr. a donné 23 pièces de 20 fr. et 24 pièces de 5 fr. ; combien doit-elle donner de pièces de 2 fr. pour que sa dette soit payée ?

** P. 879. Une personne voulant acquitter une dette de 1.211 fr. donna 289 pièces de 5 fr., à condition qu'on lui rendrait de la toile à 3 fr. le mètre ; combien en a-t-elle reçu de mètres ?

*** P. 880. On a vendu 137 poutres ; 43 d'entre elles ont été payées 3.655 fr. ; pour chacune des autres on a reçu 19 fr. de moins que pour chacune des premières ; combien a-t-on reçu en somme pour les dernières ?

** P. 881. Combien faut-il payer pour 42 rouleaux d'images contenant chacun 36 feuilles, et la feuille 8 images, à 0 fr. 25 c. la feuille ?

*** P. 882. Un particulier a acheté vingt voitures de chacune 3.400 briques à 15 fr. 50 c. le mille ; il a payé par mille briques 0 fr. 30 c. pour le transport, et 0 fr. 10 c. pour le chargement ; combien a-t-il déboursé ?

** P. 883. Deux ballots de toile ont été payés 2.520 fr. 55 c. : le 1er contenait 15 pièces de 27 mètres, le 2e 18 pièces de 34 mètres ; on avait obtenu 72 fr. 80 c. de rabais ; quel était le prix du mètre ?

** P. 884. Un aubergiste a du vin à 0 fr. 45 c., à 0 fr. 60 c., à 0 fr. 70 c., et à 0 fr. 80 c. ; il en a 345 litres de chaque prix ; s'il les mélange, dites le prix du litre.

** P. 885. Quatorze pièces de vin contiennent chacune 228 litres, et coûtent 123 fr. 40 c. ; quel sera le bénéfice du marchand s'il vend le litre 0 fr. 65 c. ?

** P. 886. Deux marchands ont fait un fonds de 45.280 fr. ; le premier a mis 28.742 fr. 70 c. ; combien a-t-il mis de plus que le second ?

** P. 887. Deux ouvriers ont gagné ensemble 728 fr. 75 c. ; le premier a gagné 439 fr. ; combien le second devrait-il encore gagner pour avoir autant que le premier ?

* P. 888. Un négociant achète pour 2.800 fr. de marchandises ; pour les payer il emprunte 715 fr. 10 c., combien avait-il ?

** P. 889. Quelqu'un dépense 1.784 fr. pour sa nourriture et son loyer, 670 fr. pour son entretien, et 821 fr. pour diverses dépenses ; son revenu n'étant pas suffisant pour payer, il emprunte 453 fr. 15 c. ; quel est ce revenu ?

** P. 890. On a employé 47 ouvriers pendant 9 semaines pour faire un ouvrage auquel ils travaillaient 11 heures par jour ; combien ont-ils employé d'heures ?

P. 878. $(14 \times 40) + (24 \times 5) = 680$;
$(780 - 680) : 2 = 50$.
R. Cette personne doit donner 50 pièces de 2 fr.

P. 879. $(289 \times 5) - 1.211 = 234$; $234 : 3 = 78$.
R. Elle a reçu 78 mètres.

P. 880. $137 - 43 = 94$ poutres;
$3.655 : 43 = 85$ fr. prix des premières poutres,
$85 - 19 = 66$ fr. prix des dernières poutres,
$66 \times 94 = 6.204$.
R. Les dernières poutres ont été vendues 6.204 f.

P. 881. $0,25 \times 36 \times 42 = 378$.
R. Il faut payer 378 francs.

P. 882. $(34.000 \times 2) : 1.000 = 68$;
$(15,50 + 0,30 + 0,40) \times 68 = 1.081,20$.
R. Ce particulier a déboursé 1.081 fr. 20 c.

P. 883. $(27 \times 15) + (34 \times 18) = 1.017$;
$2.520,55 + 72,80 = 2.593,35$;
$2.593,35 : 1.017 = 2,55$.
R. Le mètre de toile coûtait 2 fr. 55 c.

P. 884. $(0,45 + 0,50 + 0,70 + 0,80) : 4 = 0,6125$
R. Le litre coûte 0 fr. 6125 dix-mill.

P. 885. $(228 \times 14 \times 0,65) - (123,40 \times 14) = 347,20$.
R. Le bénéfice du marchand sera de 347 fr. 20 c.

P. 886. $45.280 - 28.742,70 = 16.537$ fr. 30 mise du 2ᵉ;
$28.742,70 - 16.537,30 = 12.205,40$.
R. Le 1ᵉʳ a mis 12.205 fr. 40 c. de plus que le 2ᵉ.

P. 887. $728,75 - 439 = 289$ fr. 75 gain du 2ᵉ;
$439 - 289 75 = 149,25$.
R. Le second devrait encore gagner 149 fr. 25 c

P. 888. $2.800 - 715,10 = 2.084,90$.
R. Le négociant avait 2.084 fr. 90 c.

P. 889. $(1.784 + 670 + 821) - 453,15 = 2.821,85$.
R. Le revenu annuel est de 2.821 fr. 85 c.

P. 890. $(12 \times 6 \times 9 \times 47) = 30.456$.
R. Ces ouvriers ont employé 30.456 heures.

* **P. 891.** Trois ouvriers ont employé 21 jours de 11 heures pour faire un ouvrage; combien un seul ouvrier aurait-il employé d'heures?

P. 892. On a partagé une somme entre 46 personnes, qui ont eu chacune 249 fr. 65 c.; quelle était cette somme?

** **P. 893.** On a partagé une somme entre 63 personnes, qui ont eu chacune 158 fr. 25 c., et on a donné 127 fr. 40 c. aux pauvres; quelle était cette somme?

* **P. 894.** J'avais 32 fr. 75 c. : j'ai dépensé 3 fr. 80 c. pour acheter du papier, 16 fr. 15 c. pour des livres, et 4 fr. 25 c. pour divers objets; combien me reste-t-il?

* **P. 895.** Je devais recevoir 1.834 mètres de toile, j'en ai reçu 527 m. 40 c., puis 239 m. 95 c., et enfin 407 m. 25 c.; combien dois-je encore en recevoir?

P. 896. Quelle est la hauteur d'un escalier qui a 145 marches de chacune 0 m. 18 cent.?

P. 897. On compte 123 marches dans un escalier qui a 22 m. 14 cent.; quelle est la hauteur d'une marche?

* **P. 898.** Quel est le nombre des marches d'un escalier de 19 m. de hauteur, si la hauteur d'une marche est de 0 m. 20 cent.?

* **P. 899.** Quelle est la hauteur totale d'un escalier qui se compose de 4 parties ayant chacune 17 marches de 0 m. 18 cent.?

** **P. 900.** J'ai vendu des marchandises 7.240 fr., j'aurais gagné 968 fr. 50 c. si je les avais vendues 98 fr. 40 c. de plus; combien coûtaient-elles?

** **P. 901.** J'ai acheté des marchandises pour 1.745 fr.; si je les avais vendues 100 fr. de plus, j'aurais gagné 1.360 fr. 30 c.; combien les ai-je revendues?

** **P. 902.** La différence de deux nombres est 726, le plus grand est 29.475; quel est le plus petit?

** **P. 903.** La différence de deux nombres est 504, le plus petit est 9.207; que resterait-il du plus grand si l'on en retranchait 748?

** **P. 904.** En revendant 784 mèt. de drap 14.112 fr. on gagne 3.136 fr.; quel est le prix d'achat du mètre?

** **P. 905.** En revendant 674 mèt. de drap on gagne 2.359 fr.; combien faudra-t-il vendre de mètres pour gagner 294 fr.?

*** **P. 906.** Un maquignon a vendu des chevaux pour la somme de 224.172 fr.: il a perdu sur chaque cheval 33 fr. 70 c., et sa perte totale se monte à 7.394 fr. 40 c.; combien chaque cheval lui avait-il coûté?

P. 891. $11 \times 21 \times 3 = 693$.
R. Un seul ouvrier aurait employé 693 heures.

P. 892. $249,65 \times 46 = 11.483,90$.
R. Cette somme était de 11.483 fr. 90 c.

P. 893. $(158,25 \times 63) + 127,40 = 10.097,15$.
R. Cette somme était de 10.097 fr. 15 c.

P. 894. $32,75 - (3,80 + 16,15 + 4,25) = 8,55$.
R. Il me reste 8 fr. 55 c.

P. 895. $1.834 - (527,40 + 239,95 + 407,25) = 659,40$.
R. Je dois encore recevoir 659 mètres 40 cent.

P. 896. $145 \times 0,18 = 26,10$.
R. La hauteur de l'escalier est de 26 m. 10 c.

P. 897. $22,14 : 123 = 0,18$.
R. La hauteur d'une marche est de 0 m. 18 c.

P. 898. $19 : 0,20 = 95$.
R. L'escalier a 95 marches.

P. 899. $0,18 \times 17 \times 4 = 12,24$.
R. La hauteur totale est de 12 mètres 24 cent.

P. 900. $(7.240 + 98,40) - 968,50 = 6.369,90$.
R. Les marchandises avaient coûté 6.369 fr. 90 c.

P. 901. $1.360,30 - 100 = 1.260,30$;
$1.745 + 1.260,30 = 3.005,30$.
R. Je les ai revendues 3.005 fr. 30 c.

P. 902. $29.475 - 726 = 28.749$.
R. Le plus petit nombre est 28.749.

P. 903. $9.207 + 504 = 9.711$ pour le plus grand,
$9.711 - 748 = 8.963$.
R. Il resterait 8.963.

P. 904. $(14.112 - 3.136) : 784 = 14$.
R. Le prix d'achat du mètre est 14 fr.

P. 905. $2.359 : 674 = 3$ fr. 50 gain sur un mètre;
$294 : 3,5 = 84$.
R. Il faudra vendre 84 mètres.

P. 906. $7.394,40 : 23,70 = 312$ chevaux;
$224.172 : 312 = 718$ fr. 50, vente d'un cheval;
$718,50 + 23,70 = 742,20$.
R. Chaque cheval avait coûté 742 fr. 20 c.

** P. 907. Un voyageur doit parcourir 1.320 kilom. et 24 jours; mais comme il ne peut faire que 33 kilom. par jour, on demande de combien de jours il devrait avancer son départ pour arriver au jour fixé?

** P. 908. Pour 1.296 fr. 75 c. on a eu 3 pièces de ruban de chacun 45 mètres, 7 pièces de 28 mètres, et 4 pièces de 31 mètres; quel est le prix du mètre?

** P. 909. Combien aura-t-on de mètres d'une étoffe estimée 4 fr. 55 c. pour 728 mètres de calicot à 1 fr. 55 centimes le mètre?

P. 910. Un marchand a acheté du drap qu'il a revendu 6.218 fr. 50 c., il a perdu 143 fr. 40 c.; combien l'avait-il acheté?

* P. 911. Pour payer une dette on donne en argent 6.240 fr. 70 c. avec deux billets, l'un de 1.234 fr., l'autre de 705 fr., et l'on doit encore 179 fr. 45 c.; combien devait-on?

** P. 912. Un fermier a récolté 2.646 gerbes, combien lui faudra-t-il de jours pour les battre, s'il y emploie 7 ouvriers qui battent chacun 42 gerbes par jour?

** P. 913. La récolte d'un fermier est de 2.646 gerbes; si chaque gerbe donne 4 litres de grains, et si le prix du litre est de 0 fr. 21 c., quelle est la valeur de la récolte?

** P. 914. Un fermier qui a 21 vaches a retiré 2.044 fr. 35 c. pour la vente du beurre de l'année, à 1 fr. 65 c. le kilog.; combien chaque vache a-t-elle fourni de kilogrammes de beurre?

** P. 915. On a vendu 180 barils d'huile à 218 fr. le baril; on a fait 8.910 fr. de bénéfice définitif; combien avait-on payé le baril?

** P. 916. En revendant 127 barils d'huile 19.304 fr. on a gagné 3.683 fr.; combien avait-on payé le baril?

** P. 917. On a acheté 137 barriques de vin de 117 litres chacune, à 0 fr. 45 c. le litre; on les a revendues à 0 fr. 55 c. le litre; quel a été le bénéfice total?

* P. 918. Combien a-t-on payé pour 613 barriques d'huile de chacune 84 litres, si le litre coûte 2 fr. 15 c.?

* P. 919. Pour un berceau en fer, il a fallu 2.758 kil. de fer à 0 fr. 85 c. le kilog., le travail compris; que doit-on payer?

*** P. 920. On avait d'abord 5.695 fr. pour une entreprise; chaque jour les recettes étaient de 398 fr., et les dépenses de 415 fr.; combien de temps l'entreprise a-t-elle duré?

P. 907. 1.320 : 33 = 40; 40 — 24 = 16.
R. Il devrait avancer le départ de 16 jours.

P. 908. $(45 \times 3) + (28 \times 7) + (31 \times 4) = 455$;
1.296,75 : 455 = 2,85.
R. Le mètre de ruban coûte 2 fr. 85 c.

P. 909. $(1,55 \times 728) : 4,55 = 248$.
R. On aura 248 mètres.

P. 910. 6.218,50 + 143,40 = 6.361,90.
R. Il avait acheté le drap 6.361 fr. 90 c.

P. 911. 6.240,70 + 1.234 + 705 + 179,45 = 8.359,15.
R. On devait 8.359 fr. 15 c.

P. 912. $2.646 : (42 \times 7) = 9$.
R. Il faudra 9 jours.

P. 913. $0,21 \times 4 \times 2.646 = 2.222,64$.
R. La valeur de la récolte est de 2.222 fr. 64.

P. 914. 2.044,35 : 1,65 = 1.239 ; 1.239 : 21 = 59.
R. Chaque vache a fourni 59 kilog. de beurre.

P. 915. $(218 \times 180) — 8.910 = 30.330$;
30.330 : 180 = 168,50.
R. On avait payé le baril 168 fr. 50 c.

P. 916. $(19.304 — 3.683) : 127 = 123$.
R. On avait payé le baril 123 fr.

P. 917. $(0,55 — 0,45) \times 117 \times 137 = 1.602,90$.
R. Le bénéfice total a été de 1.602 fr. 90 c.

P. 918. $2,15 \times 84 \times 613 = 110.707,80$.
R. On a payé 110.707 fr. 80 c.

P. 919. $0,85 \times 2.758 = 2.344,30$.
R. On doit payer 2.344 fr. 30 c.

P. 920. $5.695 : (415 — 398) = 335$.
R. L'entreprise a duré 335 jours.

P. 921. Une entreprise qui a commencé avec 8.604 fr. a duré 478 jours ; les recettes s'élevaient à 387 fr. par jour ; quelle était la dépense journalière ?

P. 922. Pendant 174 jours, une fabrique a éprouvé un déficit de 7.308 fr. ; la recette journalière était de 522 fr. ; combien dépensait-on par jour ?

P. 923. Sur une prise de 6.385 fr. on donne 126 fr. aux pauvres, 1.723 fr. aux officiers, et 432 soldats se partagent le reste ; dites la part de chacun.

P. 924. Sur une somme de 76.366 fr. 75 c. on a prélevé 843 fr. 25 c. pour les pauvres ; 43 personnes ont eu chacune 247 fr. 25 c., les autres ont eu chacune 168 fr. 55 c. ; quel était leur nombre ?

P. 925. Un particulier a 784 litres de vin à 0 fr. 55 c., il y ajoute 16 litres d'eau ; à combien lui revient le litre ?

P. 926. On a acheté 647 douzaines de pommes à 0 fr. 15 c. la douzaine, et 355 douzaines à 0 fr. 23 c. ; on les mêle toutes ; combien faut-il les revendre la douzaine pour gagner 21 fr. 70 c. sur le tout ?

P. 927. Pour une remonte de 375 chevaux on a dépensé 191.974 fr., y compris 11.224 fr. de frais ; combien a-t-on payé chaque cheval ?

P. 928. Un réservoir contenant 5.073 litres peut être rempli en 57 minutes par un tuyau ; combien ce tuyau donne-t-il de litres par minute ?

P. 929. Huit douzaines de chapeaux ont été payées 691 fr. 20 c. ; combien doit-on revendre la douzaine pour gagner 1 fr. 40 c. par chapeau ?

P. 930. Je devais 4.867 fr. à un particulier ; je lui donne d'abord 3.475 fr., ensuite 950 fr., je lui vends 5 stères de bois pour 44 fr. ; s'il me fait une remise sur ma dette de 17 fr. 95 c., combien lui dois-je encore ?

P. 931. Deux particuliers doivent ensemble 9.634 fr. 75 c. ; le premier donne d'abord 1.346 fr. 35 c., ensuite 2.346 fr. 75 c. ; que lui reste-t-il à payer, sachant que la part du second est de 5.464 fr. 80 c. ?

P. 932. Un père de famille donne chaque jour 7 heures au sommeil, 10 heures au travail, et 2 heures à ses repas ; quel temps a-t-il donné à chacune de ces occupations pendant une semaine de travail ou 6 jours ?

P. 933. Un ouvrier donne chaque jour 6 heures au sommeil, 10 heures au travail, et 1 heure à ses repas ; combien d'heures emploie-t-il à chacune de ces occupations pendant les 305 jours de travail d'une année ?

P. 921.   8.604 : 478 = 18; 387 + 18 = 405.
R. La dépense journalière était de 405 fr.

P. 922.   7.308 : 174 = 42; 522 + 42 = 564.
R. On dépensait par jour 564 fr.

P. 923.   6.385 — (126 + 1.723) = 4.536;
4.536 : 432 = 10,50.
R. La part de chaque soldat est de 10 fr. 50 c.

P. 924.   843,25 + (247,25 × 43) = 11,475;
(76.366,75 — 11.475) : 168,55 = 385.
R. Il y avait 385 personnes.

P. 925.   (0,55 × 784) : (784 + 16) = 0,539.
R. Le litre de vin revient à 0 fr. 539 millièmes.

P. 926.   (647 × 0,15) + (355 × 0,23) = 178,70;
(178,70 + 21,70) : (647 + 355) = 0,20.
R. Il faut revendre la douzaine 0 fr. 20 c.

P. 927.   (191.974 — 11.224) : 375 = 482.
R. On a payé chaque cheval 482 fr.

P. 928.   5.073 : 57 = 89.
R. Ce robinet donne 89 litres par minute.

P. 929.   691,20 : (12 × 8) = 7,20;
(7,20 + 1,40) × 12 = 103,20.
R. On doit revendre la douzaine 103 fr. 20 c.

P. 930.   4.867 — (3.475 + 950 + 44 + 17,95) = 380,05.
R. Je lui dois encore 380 fr. 05 c.

P. 931.   9.634,75 — 5.464,80 = 4.169 fr. 95, part du 1er,
4.169,95 — (1.346,35 + 2.346,75) = 476,85.
R. Il reste au 1er à payer 476 fr. 85 c.

P. 932.   7 × 6 = 42 heures;
10 × 6 = 60 heures;
2 × 6 = 12 heures.
R. Pendant une semaine le père emploie 42
heures au sommeil, 60 heures au travail,
et 12 heures à ses repas.

P. 933.   305 × 6 = 1.830 heures;
305 × 10 = 3.050 heures;
305 × 1 = 305 heures.
R. Dans une année, le père emploie 1.830 h.
au sommeil, 3.050 heures au travail, et
305 heures à ses repas.

P. 934. La nourriture de 5 chevaux coûte par jour 9 fr. 75 c. ; à combien s'élèverait-elle pour 20 jours ?

P. 935. Un marchand , ayant gagné une certaine somme, donne 245 fr. au bureau de bienfaisance , et il lui reste 7.458 fr. ; quelle somme a-t-il gagnée ?

* P. 936. Un négociant ayant réalisé un certain bénéfice, donne 200 fr. à une quête, et fait distribuer 1.300 fr. aux pauvres de son quartier; quel est son bénéfice, sachant qu'il lui reste 9.875 fr. ?

** P. 937. Deux négociants se font un échange : le premier donne au second 450 litres de vin à 0 fr. 80 c., et 1.800 litres à 0 fr. 90 c. ; le second donne au premier 900 litres de liqueur; quel est le prix du litre de liqueur?

* P. 938. Une pièce d'eau-de-vie de 125 litres coûte 96 fr., les droits sont de 54 fr. , et le transport de 7 fr. ; combien doit-on vendre le litre pour gagner 24 fr. 25 c. sur le tout ?

** P. 939. Un marchand a vendu six pièces de drap pour 3.454 fr. 50 c. ; combien lui avait coûté le mètre, sachant que chaque pièce contient 47 mèt., et qu'il a gagné 958 fr. 80 c. sur le prix d'achat ?

** P. 940. On a vendu 6.752 fr. 45 c. 17 pièces de trap de chacune 28 mèt. ; combien avait-on payé le mèt., sachant que sur cette vente on a perdu 387 fr. 55 c. ?

** P. 941. En vendant 14 pièces de vin contenant chacune 231 lit., on a perdu 102 fr. 50 c. sur 1.881 fr. 20 c. qu'on avait déboursés; combien a-t-on revendu le litre ?

** P. 942. Un ballot contenant 18 pièces de mérinos a été payé 5.872 fr. 50 c., à raison de 7 fr. 25 c. le mèt. ; quelle est la longueur d'une pièce ?

** P. 943. Un marchand a vendu 32 sacs de blé à raison de 29 fr. 25 c. le sac; quelle somme lui coûtaient-ils, sachant qu'il a fait un bénéfice net de 49 fr. 85 c. ?

* P. 944. Cinq charrettes sont chargées chacune de 13 sacs de pommes de terre; le chargement total coûte 455 fr., quel sera le prix du sac ?

* P. 945. Un maquignon a vendu 39 chevaux chacun 448 fr. ; à cette vente il perd 57 fr. 25 c. par cheval; quelle est sa perte totale ?

** P. 946. Un marchand a acheté 18 pièces de rouennerie chacune de 43 mètres, à 3 fr. 85 c. le mètre; sachant qu'il a gagné 143 fr. 15 c. en les revendant, on demande combien il les a vendues ensemble ?

P. 934. $9,75 \times 20 = 195$.

R. La nourriture s'élèverait à 195 fr.

P. 935. $7.458 + 245 = 7.703$.

R. Ce marchand a gagné 7.703 fr.

P. 936. $200 + 1.300 + 9.875 = 11.375$.

R. Le bénéfice du négociant est de 11.375 fr.

P. 937. $(450 \times 0,80) + (1.800 \times 0,90) = 1.980$;
$1.980 : 900 = 2,20$.

R. Le litre de liqueur coûte 2 fr. 20 c.

P. 938. $(96 + 54 + 7 + 24,25) : 125 = 1,45$.

R. On doit vendre le litre 1 fr. 45 c.

P. 939. $(3.454,50 - 958,80) : (47 \times 6) = 8,85$.

R. Le mètre de drap coûte 8 fr. 85 c.

P. 940. $(6.752,45 + 387,55) : (28 \times 17) = 15$.

R. On avait payé le mètre 15 fr.

P. 941. $(1.881,20 - 102,50) : (231 \times 14) = 0,55$.

R. On a revendu le litre 0 fr. 55 c.

P. 942. $5.872,50 : 18 = 326$ fr. 25, prix d'une pièce;
$326,25 : 7,25 = 45$.

R. La longueur d'une pièce est de 45 mètres.

P. 943. $(29,25 \times 32) - 49,85 = 886,15$.

R. Ces sacs de blé coûtaient 886 fr. 15 c.

P. 944. $455 : (13 \times 5) = 7$.

R. Le prix d'un sac sera de 7 fr.

P. 945. $57,25 \times 39 = 2.232,75$.

R. Sa perte totale est de 2.232 fr. 75 c.

P. 946. $(3,85 \times 43 \times 18) + 143,15 = 3.123,05$.

R. Ce marchand les a vendues 3.123 fr. 05.

*** P. 947. On a acheté 8 pièces de vin contenant chacune 215 litres, à 0 fr. 40 c. le litre ; on y a ajouté 895 litres d'eau, et on a revendu le litre 0 fr. 35 c. : quel est le bénéfice ?

* P. 948. Un marchand a acheté 232 mètres de casimir pour 4.044 fr. 70 c. ; combien a-t-il gagné sur son marché en revendant le mètre 19 fr. 40 c. ?

*** P. 949. On a vendu 217 redingotes 8.506 fr. 40 c. ; pour chacune on a dépensé 21 fr. 50 c. de drap et 3 fr. 75 c. de fournitures, la façon a coûté 10 fr. 40 c. ; combien a-t-on gagné par redingote ?

** P. 950. Un équipage ayant fait une prise, le capitaine a eu 18.740 fr. 25 c. ; 11 officiers ont eu chacun 9.643 fr. 75 c. ; 15 sous-officiers chacun 5.469 fr. 15 c. ; et 240 hommes de l'équipage chacun 943 fr. 75 c. ; à combien s'élevait cette prise ?

** P. 951. Dans une famille, le père gagne 3 fr. 50 c. par jour, le fils aîné 2 fr. 40 c., le puîné 2 fr., le cadet 1 fr. 50 c. ; combien ont-ils gagné dans 17 mois de 25 jours ouvrables ?

** P. 952. Un rentier a 2.041 fr. 75 c. de revenu, il dépense 4 fr. 25 c. par jour ; combien aura-t-il économisé au bout de 3 ans de chacun 365 jours ?

** P. 953. On a partagé une somme entre 79 personnes ; chacune ayant donné 8 fr. aux pauvres, il lui est resté 146 fr. 45 c. ; quelle est cette somme ?

** P. 954. On a déboursé 1.978 fr. 50 c. pour 145 douzaines de mouchoirs que l'on a revendus 16 fr. 50 c. la douzaine ; combien a-t-on gagné ?

** P. 955. On a acheté 217 douzaines de mouchoirs à 19 fr. 75 c. la douzaine, on a revendu chaque mouchoir 1 fr. 05 c. ; quel bénéfice a-t-on fait ?

** P. 956. Un marchand a vendu 278 mètres 45 cent. de drap à 8 fr. 75 c. le mèt. ; il a reçu en paiement 349 mèt. 85 centimèt. de mérinos à 4 fr. 35 c. le mètre, et le reste en argent ; combien a-t-il reçu en argent ?

** P. 957. Un commis reçoit 1.410 fr. d'appointement par an ; que doit-il recevoir pour 7 mois ?

** P. 958. Un commis reçoit 1.500 fr. d'appointements par an ; que doit-il recevoir pour 22 mois ?

** P. 959. Un commis qui reçoit 1.710 fr. d'appointements par an a perdu 3 mois ; quelle sera sa retenue ?

** P. 960. Quels sont les appointements annuels d'un commis, sachant qu'il a reçu 1.050 fr. pour 7 mois ?

P. 947. $215 \times 8 = 1.720$; $1.720 + 395 = 2.115$
$(0,35 \times 2.115) - (0,40 \times 1.720) = 52,25$.
R. Le bénéfice total est de 52 fr. 25 c.

P. 948. $(19,40 \times 232) - 4.044,70 = 456,10$.
R. Le marchand a gagné 456 fr. 10 c.

P. 949. $8.506,40 : 217 = 39$ fr. 20, prix d'une redingote;
$39,20 - (21,50 + 3,75 + 10,40) = 3,55$.
R. On a gagné par redingote 3 fr. 55 c.

P. 950. $18.740,25 + (3.643,75 \times 11) + (5.469,15 \times 15)$
$+ (943,75 \times 240) = 433.358,75$.
R. Cette prise s'élevait à 433.358 fr. 75 c.

P. 951. $(3,50 + 2,40 + 2 + 1,50) = 9,40$;
$9,40 \times (25 \times 17) = 3.995$.
R. Cette famille a gagné 3.995 fr.

P. 952. $(2.041,75 \times 3) - (365 \times 3 \times 4,25) = 1.471,50$.
R. Ce rentier aura économisé 1.471 fr. 50 c.

P. 953. $(146,45 + 8) \times 79 = 12.201,55$.
R. Cette somme est de 12.201 fr. 55 c.

P. 954. $(16,50 \times 145) - 1.978,50 = 414$.
R. On a gagné 414 fr.

P. 955. $(2,05 \times 12 \times 217) - (19,75 \times 217) = 1.052,45$.
R. On a fait un bénéfice de 1.052 fr. 45 c.

P. 956. $(278,45 \times 8,75) - (349,85 \times 4,35) = 914,59$.
R. Le marchand a reçu en argent 914 fr. 59 c.

P. 957. $(1.410 : 12) \times 7 = 822,50$.
R. Le commis doit recevoir 822 fr. 50 c.

P. 958. $(1.500 : 12) \times 22 = 2.750$.
R. Le commis doit recevoir 2.750 fr.

P. 959. $(1.710 : 12) \times 3 = 427,50$.
R. La retenue du commis sera de 427 fr. 50 c.

P. 960. $(1.050 : 7) \times 12 = 1.800$.
R. Les appointements annuels sont de 1.800 fr.

** P. 961. Un commis ayant 1.320 fr. d'appointements, vient de recevoir 880 fr.; combien de mois a-t-il reçus?

** P. 962. Un commis dont les appointements sont de 1.680 fr. n'a reçu que 1.400 fr.; combien de mois a-t-il perdus?

** P. 963. Un ouvrier gagne 3 fr. 50 c. par jour, et il dépense 1 fr. 85 c.; que lui reste-t-il au bout d'une semaine de 7 jours dont 6 de travail?

** P. 964. Un ouvrier gagne 4 fr. 55 c. par jour, mais il dépense 3 fr. 15 c.; que lui reste-t-il au bout d'un mois de 31 jours dont 25 de travail?

* P. 965. En 15 mois un ouvrier a gagné 1.680 fr.; on demande à combien s'est élevée sa dépense mensuelle s'il lui reste 326 fr. 25 c.?

* P. 966. Un marchand de bœufs en a vendu 274 pour 88.063 fr. 60 c., avec un bénéfice total de 1.808 fr. 40 c.; combien chaque bœuf lui avait-il coûté?

* P. 967. Un aubergiste vend chaque jour 8 litres d'eau-de-vie, 35 litres de vin et 18 litres de bière; combien vend-il de chaque boisson dans le courant de l'année?

* P. 968. Un ouvrier doit 1.375 fr., il paie 125 fr. par mois; dans combien de mois aura-t-il payé le tout?

* P. 969. Un tailleur a tiré 9 manteaux d'une pièce de drap qui lui a coûté 600 fr.; s'il vend chaque manteau 170 fr., quel est son bénéfice?

* P. 970. Un tailleur tire 6 manteaux d'une pièce de drap qui lui a coûté 495 fr.; combien doit-il vendre chaque manteau pour gagner 465 fr. sur la pièce de drap?

* P. 971. Un marchand a reçu 16 pièces de vin à 60 fr.; après les avoir payées, il lui reste 375 fr.; quelle somme avait-il auparavant?

P. 972. Un boucher a fourni à un établissement, pendant 30 jours, 125 kilog. de viande par jour; combien a-t-il livré de kilogrammes?

P. 973. Un boucher a fourni à un établissement, pendant 25 jours, 93 kilog. de viande par jour, à 1 fr. 80 c. le kilog.; quelle somme doit-il recevoir?

** P. 974. Un boucher de Paris qui a fourni de viande un établissement pendant 30 jours, à raison de 1 fr. 80 c. le kilog., a reçu 6.750 fr.; combien a-t-il livré de kilog. par jour?

** P. 975. J'ai acheté 278 volumes pour 264 fr. 10 c.; combien paierai-je de volumes en donnant 194 f. 75 c.?

P. 961. $1.320 : 12 = 110 ; 880 : 110 = 8.$
R. Ce commis a reçu 8 mois.

P. 962. $1.680 : 12 = 140 ; 1.680 — 1.400 = 280 ;$
$280 : 140 = 2.$
R. Ce commis a perdu 2 mois.

P. 963. $(3,50 \times 6) — (1,85 \times 7) = 8,05.$
R. Il reste à la fin de la semaine 8 fr. 05 c.

P. 964. $(4,55 \times 25) — (3,15 \times 31) = 16.10.$
R. Il reste à la fin du mois 16 fr. 10 c.

P. 965. $(1.680 — 326.25) : 15 = 90,25.$
R. La dépense s'est élevée à 90 fr. 25.

P. 966. $(88.063,60 — 1.808,40) : 274 = 314,80.$
R. Chaque bœuf avait coûté 314 fr. 80 c.

P. 967. $365 \times 8 = 2.920$ litres d'eau-de-vie ;
$365 \times 35 = 12.775$ litres de vin ;
$365 \times 18 = 6.570$ litres de bière.
R. Cet aubergiste vend par an 2.920 litres d'eau-
de-vie, 12.775 litres de vin, et 6.570 litres
de bière.

P. 968. $1.375 : 125 = 11.$
R. Cet ouvrier aura payé le tout dans 11 mois.

P. 969. $(170 \times 9) — 600 = 930.$
R. Le bénéfice du tailleur est de 930 fr.

P. 970. $(495 + 465) : 6 = 160.$
R. Le tailleur doit vendre le manteau 160 fr.

P. 971. $(60 \times 16) + 375 = 1.335.$
R. Le marchand avait auparavant 1.335 fr.

P. 972. $125 \times 30 = 3.750.$
R. Le boucher a livré 3.750 kilog.

P. 973. $95 \times 25 \times 1,20 = 2.850.$
R. Le boucher doit recevoir 2.850 fr.

P. 974. $6.750 : 1,80 = 3.750 ; 3.750 : 30 = 125.$
R. Le boucher a livré 125 kilog. par jour.

P. 975. $264,10 : 278 = 0,95 ; 194,75 : 0,95 = 205.$
R. Je paierai 205 volumes.

** P. 976. J'ai acheté 340 volumes pour 204 fr., je paie 150 fr. comptant ; combien reste-t-il de volumes à payer ?

* P. 977. Une roue fait 23 tours par minute ; combien en fera-t-elle pendant un voyage de 3 heures ?

*** P. 978. Une roue fait 24 tours par minute, et chaque tour fait avancer la voiture de 5 mèt. 40 cent. ; quel est l'espace parcouru pendant 2 heures 25 min. ?

* P. 979. Une voiture doit franchir en 1 heure 35 minutes une distance de 4.750 mèt. ; quel est l'espace parcouru pendant une minute ?

** P. 980. Une roue fait 18 tours par minute ; de combien un tour fait-il avancer la voiture, sachant que 7 650 mèt. ont été franchis en 1 heure 25 minutes ?

** P. 981. Une famille mange par jour 2 pains de 2 kil. à 0 fr. 40 c. le kil. ; combien le père doit-il travailler de jours à 4 fr. pour payer le pain de 30 jours ?

** P. 982. Une famille mange par jour 3 pains de 2 kilog. à 0 fr. 30 c. le kilog. ; combien le père doit-il travailler de jours à 3 fr. pour payer le pain d'une année de 365 jours ?

* P. 983. Une famille boit par jour 2 litres de vin à 0 fr. 60 c. ; quelle est sa dépense au bout d'une semaine ?

* P. 984. Une famille a bu pendant un mois de 30 jours pour 27 fr. de vin à 0 fr. 60 c. le litre ; quelle a été la dépense par jour ?

** P. 985. Une famille boit par jour 2 litres de vin à 0 fr. 48 c. le litre ; si elle remplace le vin par de la bière à 0 fr. 24 c., en faisant la même dépense, combien faudra-t-il de litres de bière ?

** P. 986. Une famille boit par jour 2 litres de vin à 0 fr. 75 c. ; si elle remplace le vin par 4 lit. de bière à 0 f. 18 c. le lit., quelle sera l'économie d'une semaine ?

** P. 987. Une famille boit par jour 5 litres de bière à 0 fr. 20 c. ; combien faut-il que le père travaille de jours à 3 fr. 50 c. pour payer la bière d'une semaine ?

** P. 988. En revendant 0 fr. 95 c. le litre de vin d'une pièce de 220 litres, on gagne 44 fr. ; quel est le prix d'achat d'un litre ?

** P. 989. Quelle est la contenance d'une pièce de vin, sachant que le litre revient à 0 fr. 60 c., et que si on le revend 0 f. 75 c. on fait un bénéfice total de 34 f. 50 ?

** P. 990. Une pièce de vin contient 220 litres ; si on revend le litre 0 fr. 75 c., on fait une perte totale de 19 fr. 60 c. ; quel est le prix d'achat du litre ?

P. 976. 204 : 340 = 0 fr. 60, prix d'un volume ;
150 : 0,60 = 250 ; 340 — 250 = 90.
R. Il reste 90 volumes à payer.

P. 977. 60 × 3 × 23 = 4.140.
R. Cette roue fera 4.140 tours.

P. 978. 60 × 2 = 120 ;
120 + 25 = 145 minutes, durée du voyage ;
145 × 24 × 5,40 = 18.792.
R. L'espace parcouru est de 18.792 mètres.

P. 979. 60 + 35 = 95 minutes, durée du voyage ;
4.750 : 95 = 50.
R. L'espace parcouru en 1 minute est de 50 m.

P. 980. 7.650 : (60 + 25) = 90 ; 90 : 18 = 5.
R. Un tour fait avancer la voiture de 5 mètres.

P. 981. (2 × 2 × 0,40 × 30) : 4 = 12.
R. Le père doit travailler 12 jours.

P. 982. (2 × 3 × 0,30 × 365) : 3 = 219.
R. Le père doit travailler 219 jours.

P. 983. 0,60 × 2 × 7 = 8,40.
R. La dépense est de 8 fr. 40 c.

P. 984. 27 : 30 = 0,90.
R. La dépense par jour a été de 0 fr. 90 c.

P. 985. (0,48 × 2) : 0,24 = 4.
R. Il faudra 4 litres de bière.

P. 986. (0,75 × 2) — (0,18 × 4) = 0,78 ;
0,78 × 7 = 5,46.
R. L'économie sera de 5 fr. 46 c.

P. 987. (0,20 × 5 × 7) : 3,5 = 2.
R. Il faut que le père travaille 2 jours.

P. 988. 44 : 220 = 0 fr. 20 de bénéfice sur un litre,
0,95 — 0,20 = 0,75.
R. Le prix d'achat d'un litre est de 0 fr. 75 c.

P. 989. 34,50 : (0,75 — 0,60) = 230.
R. La pièce de vin contient 230 litres.

P. 990. 39,60 : 220 = 0 fr. 18, perte sur un litre ;
0,75 + 0,18 = 0 fr. 93, prix d'achat d'un litre ;
R. Le prix d'achat du litre est de 0 fr. 93 c.

** **P. 991.** Quelle est en litres la contenance d'une pièce de vin, sachant que le litre revient à 0 fr. 75 c., et que si on le revend 0 fr. 60 c. on fait une perte totale de 34 fr. 20 c. ?

P. 992. En vendant 758 mèt. d'étoffe 4.562 fr. 85 c., j'ai gagné 615 fr. 70 c. ; combien les avais-je payées ?

*** **P. 993.** Si j'avais vendu des marchandises 2.537 fr. 60 c., j'aurais gagné 840 fr. ; combien les ai-je vendues, sachant que je n'ai gagné que 715 fr. ?

*** **P. 994.** J'ai gagné 543 fr. 25 c. sur des marchandises que j'ai vendues ; si j'avais gagné 631 fr. 40 c., je les aurais vendues 4.927 fr. 35 c. ; combien ces marchandises ont-elles été vendues ?

* **P. 995.** Si j'avais 1.540 fr. de plus, je pourrais payer une dette de 24.250 fr. 85 c. ; combien ai-je ?

** **P. 996.** Si j'avais 924 fr. de plus, je pourrais payer 12.432 fr., et j'aurais 643 fr. de reste ; combien ai-je ?

*** **P. 997.** Jules, ayant une certaine somme, emprunte 590 fr. ; il paie une dette de 847 fr. 75 c., et touche 545 fr. 85 c. qui lui étaient dus ; puis il rentre chez lui avec 946 fr. 85 c., après avoir dépensé 12 fr. 45 c.; quelle somme avait-il en partant ?

** **P. 998.** Quel est le prix d'achat d'une maison, sachant que, si on l'eût achetée 1.875 fr. meilleur marché, on gagnerait 6.476 fr. en la revendant 87.979 francs ?

** **P. 999.** Quel est le prix d'achat d'une maison, sachant qu'après y avoir fait pour 2.450 fr. de réparations, on gagne 9.428 fr. en la revendant 100.457 fr.?

*** **P. 1000.** Un fermier a mélangé 120 hectol. de blé à 18 fr. 75 c. avec 83 hectol. à 16 fr. 45 c. et 74 hectol. à 15 fr. ; il a vendu l'hectol. de mélange 17 fr. 85 c.; combien a-t-il gagné ?

* **P. 1001.** Un particulier achète 276 douzaines d'œufs à 0 fr. 55 c. la douzaine ; il les revend 0 fr. 65 c. la douzaine; quel est son bénéfice ?

*** **P. 1002.** Un libraire achète 756 volumes à 2 fr. 15 c. le volume ; à cause du treizième, il en reçoit 819, qu'il revend 2 fr. 35 c. le volume; quel est son bénéfice ?

** **P. 1003.** Si j'avais 459 fr. de plus, je pourrais payer 7.469 fr. 75 c. que je dois, et il me resterait 1.325 fr. 85 c. ; combien ai-je ?

** **P. 1004.** Deux de mes amis me prêtent, l'un 450 fr. 75 c., l'autre 879 fr. 25 c. ; je paie 14.825 fr., et il me reste 248 fr.; combien avais-je avant de rien emprunter ?

P. 991. $34,20 : (0,75 - 0,60) = 228.$
R. La pièce contient 228 litres.

P. 992. $4.562,85 - 615,70 = 3.947,15.$
R. J'avais payé les 758 mètres 3.947 fr. 15 c.

P. 993. $840 - 715 = 125 ; 2.537,60 - 125 = 2.412,60.$
R. J'ai vendu les marchandises 2.412 fr. 60 c.

P. 994. $631,40 - 543,25 = 88,15 ;$
$4.927,35 - 88,15 = 4.839,20.$
R. Ces marchandises ont été vendues 4.839 f. 20 c.

P. 995. $24.250 - 1.540 = 22.710.$
R. J'ai 22.710 francs.

P. 996. $(12.432 + 643) - 924 = 12.151.$
R. J'ai 12.151 francs.

P. 997. $(847,75 + 946,85 + 12,45) = 1.807,05 ;$
$1.807,05 - (590 + 545,85) = 671,20.$
R. Jules avait en partant 671 fr. 20 c.

P. 998. $6.476 - 1.875 = 4.601 ; 87.979 - 4.601 = 83.378.$
R. La maison a coûté 83.378 francs.

P. 999. $100.457 - (9.428 + 2.450) = 88.579.$
R. La maison a coûté 88.579 francs.

P. 1000. $(18,75 \times 120) + (16,45 \times 83) + (15 \times 74)$
$= 4.725,35 ;$
$17,85 \times (120 + 83 + 74) = 4.944,45 ;$
$4.944,45 - 4.725,35 = 219,10.$
R. Le fermier a gagné 219 fr. 10 c.

P. 1001. $(0,65 - 0,55) \times 276 = 27,60.$
R. Le bénéfice est de 27 fr. 60 c.

P. 1002. $(2,35 \times 819) - (2,15 \times 756) = 209,25.$
R. Le bénéfice du libraire est de 209 fr. 25 c.

P. 1003. $(7.469,75 + 1.325,85) - 459 = 8.336,60.$
R. J'ai 8.336 fr. 60 c.

P. 1004. $(14.825 + 248) - (450,75 + 879,25) = 13.743.$
R. Avant d'emprunter, j'avais 13.743 fr.

** P. 1005. Si j'avais 425 fr. 85 c. de plus, je pourrais payer deux dettes, l'une de 845 fr. 75 c., et l'autre de 976 fr. 85 c. ; combien ai-je ?

** P. 1006. Émile emprunte 875 fr. 25 c., et il lui manque encore 346 fr. 75 c. pour qu'il puisse payer deux dettes, l'une de 1.425 fr. 85 c., et l'autre de 978 fr. 75 c. ; combien a-t-il après son emprunt ?

** P. 1007. J'ai 345 fr. 75 c. ; combien dois-je emprunter pour payer deux dettes, l'une de 879 fr. 85 c., l'autre de 1.245 fr. 95 c., et acheter 12 mètres de drap à 9 fr. 75 c. le mètre ?

** P. 1008 Une marchandise a été achetée 1.240 fr. 80 c. ; combien faut il la revendre pour gagner le cinquième du prix d'achat ?

** P. 1009. Une marchandise a été achetée 8.460 fr. ; combien faut-il la revendre pour gagner le tiers du prix d'achat plus 174 fr. 45 c. ?

*** P. 1010. Une marchandise a été achetée 760 fr. 40 c. ; si on l'avait revendue 46 fr. 70 c. de plus, on aurait gagné la moitié du prix d'achat; combien l'a-t-on revendue ?

*** P. 1011. Une marchandise a été achetée 946 fr. 20 c., et, en la revendant, il s'en faut de 43 fr. que l'on ait gagné le tiers du prix d'achat; combien l'a-t-on revendue ?

*** P. 1012. Si un négociant, en revendant une marchandise 1.240 fr., gagne le quart du prix de vente, plus 40 fr. 80 c., combien l'a-t-il achetée?

** P. 1013. De quatre personnes, la première a 1.507 f.; la seconde a 181 fr. de moins que la première, la troisième a 75 fr. de plus que la seconde, la quatrième a 206 fr. 70 c. de moins que la première ; quelle a été la part de chacune des trois dernières?

** P. 1014. Une pièce d'étoffe contient 103 mètres 85 centimètres, une seconde contient 13 mètres 25 centimètres de moins, une troisième contient 17 mètres 65 centimètres de moins que la première ; quelle est la longueur des deux dernières?

** P. 1015. Pierre a 840 fr., Jean a 80 fr. de plus que Pierre, et Paul a autant que les deux premiers plus 40 fr.; quel est l'avoir de Jean et celui de Paul ?

P. 1005. $(845,75 + 976,85) — 425,85 = 1.396,75.$
R. J'ai 1.396 fr. 75 c.

P. 1006. $(1.425,85 + 978,75) — 346,75 = 2.057,85.$
R. Après son emprunt, Emile a 2.057 fr. 85 c.

P. 1007. $(879,85 + 1.245,95 + (9,75 \times 12) =$
2.242 fr. 80 c.
$2.242,80 — 345,75 = 1.897$ fr. 05 c.
R. Je dois emprunter 1.897 fr. 05.

P. 1008. $1.240,80 : 5 = 248,16 ;$
$1.240,80 + 248,16 = 1.488,96.$
R. Il faut revendre la marchandise 1.488 f. 96 c.

P. 1009. $8.460 : 3 = 2.820 ;$
$8.460 + 2.820 + 174,45 = 11.454,45.$
R. Il faut revendre la marchandise 11,454 f. 45.

P. 1010. $760,40 : 2 = 380,20 ;$
$(760,40 + 380,20) — 46,70 = 1.093,90.$
R. On a revendu la marchandise 1.093 fr. 90 c.

P. 1011. $946,20 : 3 = 315,4 ;$
$(946,20 + 315,40) — 43 = 1.218,60.$
R. On a revendu la marchandise 1.218 fr. 60 c.

P. 1012. $1.240 : 4 = 310 ; 310 + 40,80 = 350,80 ;$
$(1.240 — 350,80) = 889,20.$
R. On a acheté la marchandise 889 fr. 20 c.

P. 1013. $1.507 — 181 = 1.326.$
$1.326 + 75 = 1.401.$
$1.507 — 206,70 = 1.300,30.$
R. La 2ᵉ personne a 1.326 fr., la 3ᵉ 1.401 fr.,
et la 4ᵉ 1.300 fr. 30 c.

P. 1014. $103,85 — 13,25 = 90$ mèt. 60 c.
$103,85 — 17,65 = 86$ mèt. 20 c.
R. La 2ᵉ pièce a 90 mètres 60 centimèt., et la
3ᵉ a 86 mètres 20 centimètres.

P. 1015. $840 + 80 = 920$ fr.
$840 + 920 + 40 = 1.800$ fr.
R. Jean a 920 fr. et Paul a 1.800 fr.

*** P. 1016. Trois associés se partagent une somme : le premier prend 450 fr. 60 c., le second prend le double du premier moins 46 fr. 70 c., le troisième le tiers du premier et la moitié du second plus 54 fr. 75 c.; quelle est la somme partagée ?

** P. 1017. Deux associés se sont partagé une somme : le premier a eu 445 fr. 85 c., le second a eu trois fois autant que le premier moins 246 fr. 25 c.; quelle est la somme partagée ?

** P. 1018. Deux associés doivent se partager 945 fr. 75 c. de manière que la part du second soit le double de celle du premier; quelles seront les deux parts ?

** P. 1019. Trois amis ont dépensé une certaine somme : le premier a dépensé 784 fr. 30 c., le deuxième 241 fr. de plus que le premier, et le troisième 301 fr. 70 c. de plus que le second; quelle est la dépense des deux derniers ?

** P. 1020. Un laboureur a récolté 784 hectolitres de froment dans un terrain, dans un autre il en a récolté 54 de plus que dans le premier, dans un troisième 172 de plus que dans le premier; combien a-t-il récolté d'hectolitres dans les deux derniers et dans les trois ensemble ?

** P. 1021. Un marchand de bois a acheté 546 stères dont la moitié à 13 fr. 75 c. le stère, et le reste à 15 fr. 15 c.; combien doit-il débourser, s'il a payé pour le mesurage 0 fr. 20 c. par stère ?

** P. 1022. Un boulanger a fourni 156 pains de 4 kilog., dont la moitié à raison de 0 fr. 25 c. le kilog., et le reste à 0 fr. 28 c.; que doit-on lui payer ?

*** P. 1023. Jules dit que, si on mettait 75 fr. 40 c. dans sa bourse, il y aurait le double de l'argent qui s'y trouve plus 29 fr. 75 c.; quel est l'argent contenu dans la bourse ?

** P. 1024. En retranchant 175 fr. 45 c. d'une somme on la diminue de moitié; quelle est cette somme !

*** P. 1025. En ajoutant 194 fr. 40 c. à une somme elle devient trois fois plus forte; quelle est cette somme ?

*** P. 1026. En ajoutant 146 fr. 80 c. à une somme il s'en faut de 24 fr. 20 c. qu'elle soit triplée; quelle est cette somme ?

*** P. 1027. En retranchant 495 fr. 45 c. d'une somme, il s'en faut de 845 fr. 75 c. qu'on ait retranché le tiers de la somme; quelle est cette somme ?

P. 1016. Le 1er associé prend 450 fr. 60 c.
Le 2e prend $(450,60 \times 2) - 46,70 = 854$ fr. 50 c.
Le 3e prend $(450,60 : 3) + (854,50 : 2) + 54,75 = 632$ fr. 20 c.
$450,60 + 854,50 + 632,20 = 1.937$ fr. 30 c.
R. La somme partagée est de 1.937 fr. 30 c.

P. 1017. Le second associé a eu $(445,85 \times 3) - 246,25 = 1.091$ fr. 30 c.
$445,85 + 1.091,30 = 1.537$ fr. 15 c.
R. La somme partagée est de 1.537 fr. 15 c.

P. 1018. $1 + 2 = 3$.
$945,75 : 3 = 315$ fr. 25, part du premier.
$315,25 \times 2 = 630$ fr. 50, part du second.
R. Les deux parts sont : l'une 315 fr. 26 c., et l'autre 630 fr. 50 c.

P. 1019. $784,30 + 241 = 1.025,30$;
$1.025,30 + 301,70 = 1.327$;
R. Le 2e ami a dépensé 1.025 fr. 30 c., et le 3e 1.327 fr.

P. 1020. $784 + 54 = 838$;
$784 + 172 = 956$;
$784 + 838 + 956 = 2.578$.
R. Il a récolté dans le 2e champ 838 hectolit. ;
Dans le troisième 956 hectolitres ;
Dans les trois ensemble 2.578 hectolitres.

P. 1021. $546 : 2 = 273$ stères.
$(13,75 \times 273) + (15,15 \times 273) + (546 \times 0,20) = 7.998,90$.
R. Le marchand doit débourser 7.998 fr. 90 c.

P. 1022. $156 : 2 = 78$ pains.
$(78 \times 4 \times 0,25) + (78 \times 4 \times 0,28) = 165,36$.
R. On doit payer au boulanger 165 fr. 36 c.

P. 1023. $75,40 - 29,75 = 45,65$.
R. Il y a dans sa bourse 45 fr. 65 c.

P. 1024. $175,45 \times 2 = 350,90$.
R. Cette somme est de 350 fr. 90 c.

P. 1025. $194,40 : 2 = 97,20$.
R. Cette somme est de 97 fr. 20 c.

P. 1026. $(146,80 + 24,20) : 2 = 85,50$.
R. Cette somme est de 85 fr. 50 c.

P. 1027. $(845,75 + 495,45) \times 3 = 4.023,60$.
R. Cette somme est de 4.023 fr. 60 c.

*** P. 1028. Un marchand de vin en a acheté 12 pièces à 87 fr. l'une; il en vend 4 pour 380 fr.; combien doit-il revendre chacune des autres pour réaliser sur les 12 un bénéfice total de 156 fr.?

** P. 1029. Un marchand de vin a acheté 24 pièces à 92 fr. l'une, et payé par pièce 45 fr. d'octroi; combien doit-il vendre la pièce pour gagner sur le tout 288 fr.?

*** P. 1030. Que doit payer un marchand de vin qui a acheté 34 pièces de 220 litres à 78 fr. l'une, sachant que l'octroi est de 0 fr. 20 c. par litre, le transport et la mise en cave chacun de 0 fr. 75 c. par pièce?

** P. 1031. On a donné 456 mètres de drap pour payer 1.824 m. de toile; à combien revient le mètre de toile, si celui de drap vaut 14 fr.?

** P. 1032. J'ai acheté 5 douzaines de chapeaux à 8 fr. 35 c. la pièce; je donne en paiement 24 mèt. de drap à 8 fr. 75 c.; que dois-je encore?

** P. 1033. En revendant 15 chevaux 7.700 fr. on gagne 2.300 fr.; quel est le prix d'achat d'un cheval?

*** P. 1034. Un marchand fait venir 1.640 assiettes à 15 fr. le 100; combien faut-il revendre chaque assiette pour gagner 46 fr. sur le tout, sachant qu'il s'en est cassé 40 en route, et que les autres dépenses du transport montent à 12 fr.?

P. 1035. Un cocher de fiacre a fait dans une journée 12 courses à 1 fr. 25 c.; combien a-t-il reçu?

* P. 1036. Un cocher a fait 14 courses à 1 fr. 50 c., et a reçu chaque fois 0 fr. 15 c. de gratification des voyageurs; quelle a été sa recette?

* P. 1037. Quel est le nombre de courses à 1 fr. 10 c. que doit faire un cocher pour gagner 8 fr. 80 c.?

** P. 1038. Quel est le nombre de courses à 1 fr. 50 c. que doit faire un cocher pour avoir une recette de 19 fr. 20 c., en y comprenant une gratification de 0 fr. 10 c. que lui donne chaque voyageur?

** P. 1039. Un cocher a reçu 12 fr. 60 c. pour 9 courses; quel est le prix d'une course, sachant qu'il a reçu chaque fois 0 fr. 15 c. de gratification?

** P. 1040. Un cocher a reçu 16 fr. 20 c. pour 12 courses à 1 fr. 20 c., en y comprenant les gratifications; quelle est la valeur moyenne de ces gratifications?

* P. 1041. Un robinet qui verse 14 litres en une minute remplit un bassin en 2 heures; quelle est en litres la contenance du bassin?

P. 1028. $87 \times 12 = 1.044$; $(1.044 + 156) - 380 =$
820 ; $12 - 4 = 8$; $820 : 8 = 102,50$.
R. Le marchand doit revendre la pièce 102 f. 50 c.

P. 1029. $288 : 24 = 12$ fr., gain sur chaque pièce.
$92 + 45 + 12 = 149$.
R. Le marchand doit revendre la pièce 149 fr.

P. 1030. $(78 \times 34) + (220 \times 34 \times 0,20) + (0,75$
$\times 2 \times 34) = 4.199$.
R. Le marchand doit payer 4.199 fr.

P. 1031. $(456 \times 14 : 1.824) = 3,50$.
R. Le mètre de toile revient à 3 fr. 50 c.

P. 1032. $(8,35 \times 12 \times 5) - (8,75 \times 24) = 291$.
R. Je dois encore 291 fr.

P. 1033. $(7.700 - 2.300) : 15 = 360$.
R. Un cheval coûte 360 fr.

P. 1034. $(1.640 \times 15) : 100 = 246$;
$1.640 - 40 = 1.600$ assiettes ;
$(246 + 46 + 12) : 1.600 = 0,19$.
R. Il faut revendre chaque assiette 0 fr. 19 c.

P. 1035. $1,25 \times 12 = 15$.
R. Le cocher a reçu 15 fr.

P. 1036. $(1,50 + 0,15) \times 14 = 23,10$.
R. La recette du cocher a été de 23 fr. 10 c.

P. 1037. $8,80 : 1,10 = 8$.
R. Le cocher doit faire 8 courses.

P. 1038. $19,20 : (1,50 + 0,10) = 12$.
R. Le cocher doit faire 12 courses.

P. 1039. $12,60 : 9 = 1,40$; $1,40 - 0,15 = 1,25$.
R. Le prix d'une course est de 1 fr. 25 c.

P. 1040. $16,20 : 12 = 1,35$; $1,35 - 1,20 = 0,15$.
R. Ces gratifications sont en moyenne de 0 f. 15 c.

P. 1041. $60 \times 2 \times 14 = 1.680$.
R. Le bassin contient 1.680 litres.

** P. 1042. Un robinet qui verse 12 litres en une minute remplit un bassin en 2 heures 45 minutes; quelle est en litres la contenance du bassin?

** P. 1043. Un bassin a une contenance de 2.880 lit., combien faudra-t-il d'heures pour le remplir à un robinet qui verse 12 litres par minute?

** P. 1044. Un bassin a une contenance de 1.980 lit.; quelle quantité d'eau doit y verser par minute un robinet qui le remplit en 3 heures?

*** P. 1045. Un bassin a une contenance 11.400 lit., combien faudra-t-il d'heures pour le remplir à un robinet qui verse 50 litres en 5 minutes?

** P. 1046. Deux robinets qui versent par minute, l'un 12 litres, et l'autre 16 litres, remplissent ensemble un bassin en 3 heures 15 minutes; quelle est en litres la contenance du bassin?

** P. 1047. Un bassin a une contenance de 4.775 lit. combien faudra-t-il d'heures pour le remplir à 2 robinets qui versent par minute, l'un 10 litres, et l'autre 15 litres?

*** P. 1048. Un bassin d'une contenance de 5.685 litres est rempli en 3 heures 57 minutes par 2 robinets dont l'un verse 16 litres par minute; quelle quantité le second robinet verse-t-il en une minute?

*** P. 1049. Deux robinets qui versent par minute, l'un 10 litres, et l'autre 15 litres, remplissent ensemble un bassin en 2 heures 20 minutes; combien faudrait-il d'heures au premier robinet s'il était seul à le remplir?

*** P. 1050. Un particulier achète 12 volumes à 2 fr. 60 c., il en reçoit 13 pour 12; à combien lui revient le volume?

*** P. 1051. Un ouvrage revient net à 3 fr. 50 c. au libraire; combien doit-il revendre la douzaine pour gagner sur chaque ouvrage 0 fr. 70 c., sachant qu'il en donne 13 pour 12?

** P. 1052. Un libraire a 723 volumes qui lui reviennent à 2.500 fr. 66 c.; il les a vendus 2.847 fr. 70 c.; combien a-t-il gagné par volume?

*** P. 1053. Un libraire achète 832 volumes à 14 fr. 60 c. la douz.; il reçoit le treizième en sus; quel est son bénéfice s'il revend en détail chaque volume 1 fr. 65 c.?

** P. 1054. Un libraire a livré 1.703 exemplaires d'un ouvrage; combien lui en avait-on demandé, s'il en a donné 13 pour 12?

P. 1042. $60 \times 2 = 120$; $120 + 45 = 165$ minutes;
$165 \times 12 = 1.980$.
R. Le bassin contient 1.980 litres.

P. 1043. $2.880 : 12 = 240$ minutes; $240 : 60 = 4$.
R. Il faudra 4 heures.

P. 1044. $1.980 : (60 \times 3) = 11$.
R. Le robinet doit verser 11 litres par minute.

P. 1045. $50 : 5 = 10$ litres versés par minute.
$11.400 : 10 = 1.140$ minut.; $1.140 : 60 = 19$.
R. Il faudra 19 heures.

P. 1046. $60 \times 3 = 180$; $180 + 15 = 195$ minutes;
$(12 + 16) \times 195 = 5.460$.
R. Le bassin contient 5.460 litres.

P. 1047. $4.775 : (10 + 15) = 191$ minutes; $191 : 60$
$= 3$ heures 11 minutes.
R. Il faudra 3 heures 11 minutes.

P. 1048. $60 \times 3 = 180$; $180 + 57 = 237$ minutes;
$5.688 - (237 \times 16) = 1.896$ litres versés par
l'autre robinet; $1.896 : 237 = 8$.
R. Le 2ᵉ robinet verse 8 litres par minute.

P. 1049. $60 \times 2 = 120$; $120 + 20 = 140$ minutes;
$(10+15) \times 140 = 3.500$ lit., capacité du bassin.
$3.500 : 10 = 350$ minutes; $350 : 60 = 5$ h. 50 m.
R. Il faudrait au 1ᵉʳ robinet 5 heures 50 m.

P. 1050. $(2,60 \times 12) : 13 = 2,40$.
R. Le volume revient à 2 fr. 40 c.

P. 1051. $(3,50 + 0,70) \times 13 = 54$ fr. 60, prix des 13 liv.
qu'on donne pour 12;
R. Il doit revendre la douzaine 54 fr. 60 c.

P. 1052. $(2.847,70 - 2.500,66) : 723 = 0,48$.
R. Le libraire a gagné par volume 0 fr. 48 c.

P. 1053. $852 : 12 = 71$ douzaines; $852 + 71 = 923$ vol.
$14,50 \times 71 = 1.029$ fr. 50, valeur de l'achat;
$1,65 \times 923 = 1.522$ fr. 95, valeur de la vente;
$1.522,95 - 1.029,50 = 493,45$.
R. Le bénéfice du libraire est de 493 fr. 45 c.

P. 1054. $1.703 : 13 = 131$ douzain.; $131 \times 12 = 1.572$.
R. On avait demandé 1.572 exemplaires.

4*

*** P. 1055. Un marchand a acheté des fagots à 18 fr. 75 c. la douzaine, à condition qu'on lui donnerait 13 fagots pour 12; il en a reçu 234, qu'il a revendus 1 fr. 65 c. la pièce; quel est son bénéfice?

*** P. 1056. Un marchand a acheté 48 douzaines de fagots à 0 fr. 14 pièce; il en a eu 13 pour 12, et il a revendu chaque fagot 0 fr. 20 c.; quel est son gain?

*** P. 1057. Un marchand de bois a acheté un certain nombre de fagots à 1 fr. 70 c. la douz., à condition de recevoir le treizième; il a reçu 975 fagots, qu'il a revendus 0 fr. 22 c. la pièce; quel est son bénéfice?

*** P. 1058. Un serrurier a acheté 5 douzaines de serrures à 4 fr. 55 c. la pièce; il en a eu 13 pour 12; en les posant il en a égaré deux; quel bénéfice a-t-il fait sur ces serrures s'il les a revendues 5 fr. la pièce?

** P. 1059. Une laitière apporte au marché 72 litres de lait, qu'elle doit vendre 0 fr. 25 c. le litre; mais un accident lui fait verser 12 litres; combien doit-elle vendre le litre de ce qui lui reste pour ne rien perdre?

*** P. 1060. Un marchand apporte au marché 45 douzaines d'œufs, qu'il doit vendre 0 fr. 85 c. l'une; dans son trajet il casse 40 œufs; combien doit-il vendre la douzaine de ce qui lui reste pour ne rien perdre?

· ** P. 1061. Un marchand reçoit une caisse contenant 50 oies, qui doivent être vendues 4 fr. 14 c., la pièce; il en donne 5 à un de ses amis; combien doit-il vendre les autres pour ne rien perdre?

*** P. 1062. Dites la longueur d'une pièce de drap qui a coûté 877 fr. 50 c., sachant qu'en revendant 25 mèt. pour 437 fr. 50 c., on a gagné 2 fr. 50 c. par mèt.?

*** P. 1063. Un marchand de vin en a acheté 4 pièces pour 700 fr.; il a vendu 45 lit. pour 27 fr., et a gagné 0 fr. 10 c. par lit.; quelle est la contenance d'une pièce?

*** P. 1064. J'ai acheté 60 pièces de drap d'égale longueur à 13 fr. le mèt.; en le revendant 15 fr. 50 c., je gagne 10.500 fr.; dites la longueur de chaque pièce.

*** P. 1065. Un marchand achète 80 mètres de drap pour 1.200 fr.; quel est son bénéfice sur 50 mètres qu'il vend 15 fr. 50 c. le mètre?

*** P. 1066. 75 mètres de drap coûtent 900 fr.; combien faut-il vendre de mèt. à 16 fr. pour gagner 120 fr.

** P. 1067. On veut former une somme de 945 fr. avec un nombre égal de pièces de 5 fr. et de pièces de 2 fr.; combien faut-il de pièces de chaque valeur?

P. 1055. $234 : 13 = 18$ douzaines;
$(1,65 \times 234) - (18,75 \times 18) = 48,60$.
R. Le bénéfice du marchand est de 48 fr 60 c.

P. 1056. $(13 \times 48 \times 0,20) - (12 \times 48 \times 0,14) = 44,16$.
R. Le gain du marchand est de 44 fr. 16 c.

P. 1057. $975 : 13 = 75$ douzaines;
$(975 \times 0,22) - (1,70 \times 75) = 87$.
R. Le bénéfice du marchand est de 87 fr.

P. 1058. $4,55 \times 12 \times 5 = 273$ fr., valeur de l'achat;
$13 \times 5 = 65; 65 - 2 = 63$ serrures de posées.
$63 \times 5 = 315$ fr., valeur des serrures posées;
$315 - 273 = 42$.
R. Le serrurier a fait un bénéfice de 42 fr.

P. 1059. $(72 \times 0,25) : (72 - 12) = 0,30$.
R. On doit vendre le litre 0 fr. 30 c.

P. 1060. $0,85 \times 45 = 38$ fr. 25, qu'il doit recevoir.
$(12 \times 45) - 40 = 500$ œufs de vendus;
$38,25 : 500 = 0,0.765$, vente d'un œuf;
$0,0.765 \times 12 = 0,918$.
R. Il faut revendre la douzaine 0 fr. 918.

P. 1061. $(4,14 \times 50) : (50 - 5) = 4,60$.
R. Il doit vendre les autres 4 fr. 60 c. pièce.

P. 1062. $437,50 - (2,50 \times 25) = 375$;
$375 : 25 = 15$ fr., prix du mètre;
$877,50 : 15 = 58,50$.
R. La longueur de la pièce est de 58 m. 50 c.

P. 1063. $700 : 4 = 175$ fr., prix d'une pièce;
$27 - (45 \times 0,10) = 22,50$;
$22,50 : 45 = 0,50$;
$175 : 0,50 = 350$.
R. La contenance d'une pièce est de 350 litres.

P. 1064. $10.500 : (15,50 - 13) = 4.200; 4.200 : 60 = 70$.
R. La longueur de chaque pièce est de 70 mèt.

P. 1065. $1.200 : 80 = 15$ fr., prix du mètre;
$(15,50 - 15) \times 50 = 25$.
R. Le marchand fait un bénéfice de 25 fr.

P. 1066. $900 : 75 = 12$ fr., prix du mètre;
$120 : (16 - 12) = 30$.
R. Je dois vendre 30 mètres.

P. 1067. $945 : (5 + 2) = 135$.
R. Il faut 135 pièces de chaque valeur.

** P. 1068. On désire payer 40 fr. 80 c. avec un nombre égal de pièces de 1 fr., 0 fr. 50 c., et 0 fr. 20 c.; combien faut-il de pièces de chaque valeur?

** P. 1069. Lorsque le sucre coûte 2 fr. 50 c. le kilog., le café 3 fr., et le chocolat 3 fr. 50 c., combien aura-t-on de kilogrammes de ces marchandises pour 72 fr., si l'on en veut autant de l'une que de l'autre?

** P. 1070. La somme de 930 fr. est composée en égal nombre de pièces de 5 fr., 2 fr., et 0 fr. 50 c.; combien y en a-t-il de chaque valeur?

** P. 1071. On a du drap à 15 fr., 12 fr., et 9 fr.; quelle est la recette sur une vente de 72 mèt., sachant qu'elle se compose d'un nombre égal de mètres de chaque pièce?

** P. 1072. Un épicier a vendu pour 142 fr. de fromage; quel est son bénéfice, sachant qu'il vend le kil. 2 fr., et qu'il lui coûte 1 fr. 75 c.?

** P. 1073. Un convoi de chemin de fer part avec 495 voyageurs; à la première station on dépose le neuvième des voyageurs et on en reprend 64; à la deuxième station on dépose le tiers des voyageurs actuels et on en reprend 42; quel est alors le nombre des voyageurs?

** P. 1074. Un convoi de chemin de fer part avec 696 voyageurs; à la première station on dépose le sixième des voyageurs et on en reprend 48; à la deuxième station on en dépose le quart et on en reprend 34; enfin à la troisième on en dépose le cinquième et on en reprend 18; quel est alors le nombre des voyageurs?

** P. 1075. Un marchand d'allumettes fait par jour les dépenses suivantes : loyer 0 fr. 30 c., nourriture 0 fr. 90 c., habillement et autres frais 0 fr. 60 c.; combien doit-il vendre de boîtes à 0 fr. 05 c. pour couvrir ces dépenses, sachant qu'il achète la boîte 0 fr. 02 c.?

** P. 1076. Un marchand d'allumettes fait par jour les dépenses suivantes : loyer 0 fr. 30 c., nourriture 0 fr. 80 c., entretien 0 fr. 40 c.; quelle doit être sa recette par jour pour couvrir ces frais, sachant qu'une boîte lui coûte 0 fr. 03 c. et qu'il la vend 0 fr. 05 c.?

** P. 1077. Un petit marchand fait par jour les dépenses suivantes : loyer 0 fr. 40 c., nourriture 0 fr. 95 c., aumône 0 fr. 10 c., entretien 0 fr. 25 c.; combien doit-il vendre de pommes à 0 fr. 05 c. pour couvrir ces frais, si la pomme lui coûte 0 fr. 04 c.?

*** P. 1078. On a 4 pommes pour 0 fr. 14 c., et on les vend 0 fr. 20 c.; quel sera le bénéfice sur 400 pommes?

P. 1068. $40,80 : (1 + 0,50 + 0,20) = 24.$
R. Il faut 24 pièces de chaque valeur.

P. 1069. $72 : (2,50 + 3 + 3,5) = 8.$
R. On aura 8 kilog. de chaque marchandise.

P. 1070. $930 : (5 + 2 + 0,50) = 124.$
R. Il y a 124 pièces de chaque valeur.

P. 1071. $72 : 3 = 24$ mètr.$; (15 + 12 + 9) \times 24 = 864.$
R. La recette est de 864 fr.

P. 1072. $142 : 2 = 71$ kilog. de vendus ;
$(2 - 1,75) \times 71 = 17,75.$
R. Le bénéfice de l'épicier est de 17 fr. 75 c.

P. 1073. $495 : 9 = 55; (495 - 55 + 64) = 501;$
$504 : 3 = 168; (504 - 168 + 42) = 378.$
R. Le nombre des voyageurs est alors de 378.

P. 1074. $696 : 6 = 116; (696 - 116 + 48) = 628;$
$628 : 4 = 157; (628 - 157 + 34) = 505;$
$505 : 5 = 101; (505 - 101 + 18) = 422.$
R. Le nombre des voyageurs est alors de 422.

P. 1075. $(0,30 + 0,90 + 0,60) : (0,05 - 0,02) = 60.$
R. Le marchand doit vendre 60 boîtes.

P. 1076. $(0,30 + 0,80 + 0,40) : (0,05 - 0,03) = 75$
boîtes vendues; $75 \times 0,05 = 3,75.$
R. La recette journalière est de 3 fr. 75.

P. 1077. $(0,40 + 0,95 + 0,10 + 0,25) : (0,05 - 0,04)$
$= 170.$
R. Le marchand doit vendre 170 pommes.

P. 1078. $400 : 4 = 100;$
$(0,20 - 0,14) \times 100 = 6.$
R. Le bénéfice sera de 6 fr.

*** P. 1079. Un petit marchand a 4 pommes pour 0 fr. 14 c., et les vend 0 fr. 20 c.; combien doit-il vendre de pommes pour gagner 3 pièces de 5 fr.?

*** P. 1080. Un petit marchand a 4 pommes pour 0 fr. 14 c., et les vend 0 fr. 20 c.; quel est son bénéfice sur une vente de 18 fr.?

*** P. 1081. Un marchand a 4 pommes pour 0 fr 14 c., et il les revend 0 fr. 20 c.; combien doit-il vendre de pommes pour faire une recette de 15 fr.?

*** P. 1082. Un marchand achète 4 pommes pour 0 fr. 14 c., et il les vend 0 fr. 20 c.; quelle doit être sa recette pour gagner 6 fr.?

P. 1083. Une montre avance de 2 minutes par heure, de combien avance-t-elle au bout de 6 heures?

** P. 1084. Une montre avance de 3 minutes toutes les 2 heures; de combien avance-t-elle au bout de 18 heures?

*** P. 1085. Une montre avance de 3 minutes toutes les 4 heures; quelle est son avance au bout d'une semaine?

*** P. 1086. Une montre avance de 20 heures au bout de 50 jours; quelle est en minutes son avance par heure?

*** P. 1087. Une montre avance depuis 36 heures à raison de 2 minutes toutes les 3 heures; quelle heure est-il lorsque la montre marque 5 heures 25 minutes?

*** P. 1088. Une montre avance depuis 45 heures à raison de 3 minutes toutes les 5 heures; quelle heure marque la montre lorsqu'il est 8 heures 50 minutes?

*** P. 1089. Une montre avance depuis 18 heures de combien avance-t-elle par heure, si elle marque 7 heures 25 minutes lorsqu'il est 5 heures 16 minutes?

** P. 1090. Une montre avance de 3 minutes toutes les 4 heures; depuis combien d'heures a commencé son avance, sachant quelle est de 12 minutes?

*** P. 1091. Une montre, à partir de 4 heures du matin, avance de 2 minutes toutes les 3 heures; quelle heure marque-t-elle à 7 heures du soir?

*** P. 1092. Une montre avance de 3 minutes toutes les 2 heures; depuis combien d'heures a commencé son avance, si à 5 heures elle marque 5 heures 27 minutes?

*** P. 1093. Une montre avance de 2 minutes en 3 heures; à quelle heure a commencé l'avance, si à 10 h. 10 minutes du soir elle marque 10 heures 32 minutes?

P. 1079. $(0,20 - 0,14) : 4 = 0,015$ gain sur une pomme·
$(5 \times 3) : 0,015 = 1.000$.
R. Le marchand doit vendre 1.000 pommes.

P. 1080. $0,20 - 0,14 = 0,06$ de gain sur $0,20$ de vente ;
$18 : 0,20 = 90$ fois ; $0,06 \times 90 = 5,40$.
R. Le bénéfice du marchand est de 5 fr. 40 c.

P. 1081. $0,20 : 4 = 0$ fr. 05, prix de vente d'une pomme ;
$15 : 0,05 = 300$.
R. Le marchand doit vendre 300 pommes.

P. 1082. $(0,20 - 0,14) : 4 = 0$ fr. 015 de bénéfice par
pomme ;
$6 : 0,015 = 400$ pommes vendues ;
$400 : 4 = 100 ; 0,20 \times 100 = 20$.
R. La recette du marchand doit être de 20 fr.

P. 1083. $2 \times 6 = 12$.
R. La montre avance de 12 minutes.

P. 1084. $18 : 2 = 9 ; 3 \times 9 = 27$.
R. La montre avance de 27 minutes.

P. 1085. $(24 \times 7) : 4 = 42 ; 42 \times 3 = 126$.
R. La montre avance de 126 minutes.

P. 1086. $(60 \times 20) : (24 \times 50) = 1$.
R. La montre avance d'une minute par heure.

P. 1087. $36 : 3 = 12 ; 12 \times 2 = 24$ minutes d'avance,
$25 - 24 = 1$.
R. Il est 5 heures 1 minute.

P. 1088. $45 : 5 = 9 ; 3 \times 9 = 27$ minutes d'avance ;
$50 + 27 = 77,77 - 60 = 17$ minutes.
R. La montre marque 9 heures 17 minutes.

P. 1089. $25 - 16 = 9$ minutes ; $(9 \times 60) : 18 = 30$.
R. Elle avance de 30 secondes par heure.

P. 1090. $12 : 3 = 4 ; 4 \times 4 = 16$.
R. L'avance a commencé depuis 16 heures.

P. 1091. $12 - 4 = 8 ; 8 + 7 = 15$ heures ; $15 : 3 = 5 ;$
$2 \times 5 = 10$ minutes.
R. La montre marque 7 heures 10 minutes.

P. 1092.   L'avance est de 27 minutes.
$27 : 3 = 9 ; 9 \times 2 = 18$.
R. L'avance a commencé depuis 18 heures.

P. 1093. $32 - 20 = 12$; l'avance est de 12 minutes.
$12 : 2 = 6 ; 6 \times 3 = 18$ heures ;
Il s'est écoulé de la journée $12 + 10$ h. $20'$
$= 22$ heures $20'$.
22 heures $20' - 18$ heures $= 4$ heures $+ 20'$.
R. L'avance a commencé à 4 h. 20' du matin.

*** P. 1094. Une horloge retarde de 2 minutes toutes les 10 heures; quel est son retard au bout de 15 jours?

*** P. 1095. Une horloge retarde depuis 22 heures à raison d'une minute toutes les 2 heures; quelle heure est-il lorsque cette horloge marque 8 heures 55 minutes?

*** P. 1096. Une horloge retarde depuis 33 heures à raison de 2 minutes en 3 heures; quelle heure marque cette horloge lorsqu'il est 3 heures 8 minutes?

*** P. 1097. Une horloge retarde depuis 45 heures quel est son retard par heure, sachant qu'elle marque 2 heures 48 minutes lorsqu'il est 3 heures 18 minutes?

*** P. 1098. Une horloge retarde de 3 minutes toutes les 5 heures; depuis combien d'heures a commencé son retard, sachant quelle marque 4 heures 18 minutes lorsqu'il est 5 heures 9 minutes?

*** P. 1099. Une horloge, à partir de 6 heures du soir, retarde de 3 minutes toutes les 2 heures; quelle heure marquera-t-elle le lendemain à 10 h. du matin?

*** P. 1100. Une horloge retarde de 2 minutes toutes les 5 heures; quel jour et à quelle heure a commencé le retard, sachant que le samedi matin à 4 heures 5 minutes elle marque 3 heures 35 minutes?

* P. 1101. Quelqu'un promet de donner 0 fr. 75 c. aux pauvres lorsqu'il aura gagné 9 fr. 35 c.; que lui restera-t-il après cette aumône?

** P. 1102. Quelqu'un promet de donner aux pauvres 0 fr. 90 c. toutes les fois qu'il aura gagné 12 fr. 25 c.; que doit-il donner lorsqu'il a gagné 147 fr.?

*** P. 1103. Quelqu'un promet de donner 1 fr. 25 aux pauvres toutes les fois qu'il gagne 16 fr. 25 c.; s'il a gagné 1.040 fr., que lui restera-t-il après son aumône?

*** P. 1104. Quelqu'un promet de donner 1 fr. 75 c. aux pauvres toutes les fois qu'il gagne 24 fr. 75 c.; quelle somme doit-il gagner pour que, son aumône faite, il lui reste 322 fr.?

*** P. 1105. Quelqu'un promet de donner 1 fr. 50 c. aux pauvres toutes les fois qu'il gagne 13 fr. 50 c.; quelle est la valeur de son aumône lorsqu'il lui reste 192 fr.?

*** P. 1106. Quelqu'un promet de donner 1 fr. 75 aux pauvres toutes les fois qu'il gagne 17 fr. 75 c. quelle somme a-t-il gagnée, sachant que son aumône a été de 38 fr. 50 c.?

P. 1094. $(24 \times 15) : 10 = 36 ; 36 \times 2 = 72' = 1$ h. 12'.
R. L'horloge retarde de 1 heure 12 minutes.

P. 1095. $22 : 2 = 11$ m. de retard; $55 + 11 = 66 = 1$ h. 6'.
R. Il est 9 heures 6 minutes.

P. 1096. $33 : 3 = 11 ; 11 \times 2 = 22$ minutes de retard.
$22 - 8 = 14 ; 60 - 14 = 46$ minutes.
R. L'horloge marque 2 heures 46 minutes.

P. 1097. $60 - 48 = 12 ; 12 + 18 = 30$ min. de retard.
$(60 \times 30) . 45 = 40$ secondes.
R. L'horloge retarde de 40 secondes par heure.

P. 1098. $60 - 18 = 42 ; 42 + 9 = 51$ min. de retard.
$51 : 3 = 17 ; 17 \times 5 = 85$ heures.
R. Le retard a commencé depuis 85 heures.

P. 1099. $12 - 6 = 6 ; 6 + 10 = 16$ heures.
$16 : 2 = 8 ; 8 \times 3 = 24$ minutes de retard;
$60 - 24 = 36$ minutes.
R. L'horloge marquera 9 heures 36 minutes.

P. 1100. $60 - 45 = 15 ; 15 + 5 = 20$ minutes de retard.
$20 : 2 = 10 ; 10 \times 5 = 50$ heures.
$50 - 4 = 46$ heures; $46 - 24 = 22$ heures.
$24 - 22 = 2$ heures.
R. Le retard a commencé le jeudi à 2 h. 5'
du matin.

P. 1101. $9,35 - 0,75 = 8,60.$
R. Il lui restera 8 fr. 60 c.

P. 1102. $147 : 12,25 = 12 ; 12 \times 0,9 = 10,80.$
R. Il doit donner 10 f.. 80 c.

P. 1103. $1.040 : 16,25 = 64 ; 1,25 \times 64 = 80$ francs;
$1.040 - 80 = 960.$
R. Il lui restera, après son aumône, 960 fr.

P. 1104. $322 : (24,75 - 1,75) = 14 ;$
$24,75 \times 14 = 346,50.$
R. Il doit gagner 346 fr. 50 c.

P. 1105. $192 : (13,50 - 1,50) = 16 ; 1,50 \times 16 = 24.$
R. L'aumône est de 24 francs.

P. 1106. $38,50 : 1,75 = 22 ; 17,75 \times 22 = 390,50.$
R. Il a gagné 390 fr. 50 c.

*** P. 1107. Quelqu'un promet de donner 0 fr. 25 c. aux pauvres toutes les fois qu'il gagne 9 fr. 25 c.; que lui reste-t-il lorsque son aumône est de 5 fr. 25 c.?

*** P. 1108. Quelqu'un promet de donner aux pauvres une certaine somme toutes les fois qu'il gagne 11 fr. 25 c.; quelle est cette somme, sachant que, lorsque son gain est de 270 fr., son aumône est de 12 fr.?

*** P. 1109. Quelqu'un promet de donner aux pauvres une certaine somme toutes les fois qu'il gagne 13 fr. 75 c.; quelle est cette somme, sachant que, lorsque son aumône est de 7 fr., il lui reste 183 fr. 50 c.?

*** P. 1110. Quelqu'un promet de donner 0 fr. 75 c. aux pauvres toutes les fois qu'il gagne une certaine somme; quelle est cette somme, sachant que, lorsque son gain est de 87 fr. 50, son aumône est de 7 fr. 50 c.?

*** P. 1111. Quelqu'un promet de donner 1 fr. 25 c. aux pauvres toutes les fois qu'il gagne une certaine somme; quelle est cette somme, sachant que, lorsque l'aumône est de 10 fr., il lui reste 90 fr.?

** P. 1112. Quelqu'un promet de donner 0 fr. 85 c. aux pauvres toutes les fois qu'il gagnera 7 fr. 45 c.; combien de fois a-t-il gagné cette somme, si son aumône est de 20 fr. 40 c.?

** P. 1113. Quelqu'un promet de donner 1 fr. 10 c. à un pauvre toutes les fois qu'il gagnera 13 fr.; à combien le pauvres doit-il faire l'aumône lorsque son gain s'élève 546 fr.?

*** P. 1114. Chaque fois qu'un jeune ouvrier gagne 7 fr. 50 c., son père lui donne 1 fr. 50 c.; quel est le don du père lorsque le gain du fils est de 52 fr. 50 c.?

*** P. 1115. Chaque fois qu'un jeune ouvrier gagne 6 fr. 75 c., son père lui ajoute 1 fr. 25 c..; si le gain du fils est de 81 fr., que possède-t-il après le don du père?

*** P. 1116. Chaque fois qu'un jeune ouvrier gagne 5 fr. 50 c., son père lui donne 0 fr. fr. 75 c.; quel doit être le gain du fils pour que le don du père soit de 8 fr 25 c.?

*** P. 1117. Chaque fois qu'un jeune ouvrier gagne 7 fr. 50 c., son père lui ajoute 1 fr. 50 c.; quelle somme a-t-il gagnée, sachant qu'après le don de son père, il possède 99 fr.?

*** P. 1118. Chaque fois qu'un jeune ouvrier gagne 8 fr. 25 c. son père lui ajoute 1 fr. 75 c.; quel a été le don du père, sachant qu'après ce don le fils possède 100 fr.?

P. 1119. $12,50 : 1,25 = 10$ fois,
$(7,25 + 1,25) \times 10 = 85$.
R. Le jeune ouvrier possède 85 fr.

P. 1120. $93,75 : 6,25 = 15$ fois; $11,25 : 15 = 0,75$.
R. La somme que le père donne est 0 fr. 75 c.

P. 1121. $(77 - 12,25) : 9,25 = 7$ fois ;
$12,25 : 7 = 1,75$.
R. La somme que le père donne est 1 fr. 75 c.

P. 1122. $1.200 : 12,50 = 96$ mètres de vendus.
$(12,50 - 9) \times 96 = 336$.
R. Le bénéfice est de 336 francs.

P. 1123. $63,75 : 0,75 = 85$ litres de vendus.
$(0,75 - 0,60) \times 85 = 12,75$.
R. Le bénéfice est de 12 fr. 75 c.

P. 1124. $169 : (17,50 - 14,25) = 52$ stères de vendus.
$17,50 \times 52 = 910$.
R. La vente d'une journée doit s'élever à 910 fr.

P. 1125. $(24.100 - 2.144,50) : 123 = 178$ fr. 50 c. par
jour.
$178,50 : (3,50 + 4,25 + 5) = 14$.
R. Il y a 14 ouvriers de chaque prix.

P. 1126. $1.248 : 9,75 = 128$ mètres, qui ont été vendus.
$211,20 : 128 = 1$ fr. 65 c., bénéfice sur un mèt.
$353,10 : 1,65 = 214$.
R. Il faut vendre 214 mètres.

P. 1127. $2,70 : 0,15 = 18$ douzaines d'œufs qu'elle
a achetés.
$0,45 \times 18 = 8,10$.
R. Les œufs avaient coûté 8 fr. 10 c.

P. 1128. $10.363,50 : 82,25 = 126$ chevaux d'achetés.
$(215 + 82,25) \times 126 = 37.453,50$.
R. Le maquignon a retiré 37.453 fr. 50 c.